COLLECTION MICHEL LÉVY

SOUS LES ORANGERS

OEUVRES

D'ALPHONSE KARR

PARUES DANS LA COLLECTION MICHEL LÉVY

———

LES FEMMES	1 vol.
ENCORE LES FEMMES.	1 —
AGATHE ET CÉCILE	1 —
PROMENADES HORS DE MON JARDIN.	1 —
SOUS LES TILLEULS	1 —
LES FLEURS.	1 —
SOUS LES ORANGERS.	1 —
VOYAGE AUTOUR DE MON JARDIN	1 —
UNE POIGNÉE DE VÉRITÉS	1 —
LA PÉNÉLOPE NORMANDE	1 —
MENUS PROPOS	1 —
LES SOIRÉES DE SAINTE-ADRESSE	1 —
TROIS CENTS PAGES	1 —
LES GUÊPES.	6 —
RAOUL.	1 —

PARIS. — IMPRIMERIE A. WITTERSHEIM, 8, RUE MONTMORENCY

SOUS
LES ORANGERS

PAR

ALPHONSE KARR

PARIS

MICHEL LÉVY FRÈRES, LIBRAIRES-ÉDITEURS

RUE VIVIENNE, 2 BIS

—

1859

Reproduction et traduction réservées

I

HISTOIRE DU MONDE; PASSÉ, PRÉSENT ET AVENIR EN 140 LIGNES. — LE RÈGNE DE DIEU.

Si je vous disais que la vanité n'entre absolument pour rien dans le soin que je prends quelquefois de revendiquer la paternité d'une idée dont l'application finit par se faire après une longue phase d'indifférence ornée de quelques sarcasmes, vous ne me croiriez pas, et vous auriez raison.

L'écrivain, le poëte, est une espèce très-voisine de l'homme, et ne valant guère mieux que lui.

Mais vous avouerez qu'il est parfois impatientant d'entendre les myopes appeler rêveurs ceux qui voient d'un peu loin; les lourds appeler *légers* d'un air dédaigneux, les esprits qui s'élèvent le moins du monde; et des gens qui ont profité des progrès antérieurs, qui s'y sont établis et assis commodément, appeler insensés, anarchistes, ennemis de la société et de la religion ceux qui proposent ou signalent de nouveaux progrès auxquels il faudra cependant finir par arriver, sauf à ceux qui auront vilipendé les auteurs à s'en attribuer l'honneur et à s'y établir aussi carrément que dans les progrès précédents.

Il me plaît, comme disaient les Latins, d'écrire ici en peu de lignes toute l'histoire de la société et de la civilisation humaines dans le passé, et, je le crains, dans l'avenir.

Vers le commencement du monde, dans un pays qui correspond au Groënland, — 45 degrés centigrades de froid, — quelques familles d'Esquimaux ont crû là comme des graines de giroflée emportées par le vent, germent et fleurissent dans les fentes des rochers; ces quelques familles forment quelque chose comme une nation. Comme civilisation, ils sont nus; comme science, ils comptent jusqu'à dix au moyen des doigts de leurs deux mains; comme religion, ils sacrifient des victimes humaines à un gros crapaud qu'ils adorent et dont les pontifes sont très-puissants.

Ils se nourrissent des phoques que la mer jette morts sur la plage.

Ils mangent un peu d'herbe, quelques mousses,

quelques lichens. Les riches seuls ont des rennes dont ils boivent le lait. Ajoutez à cela un peu de viande humaine, après les sacrifices au crapaud.

Un poëte, un croyant, s'élève et dit :

« Si nous adoptions pour dieu, en place de ce vilain crapaud, un grand renne bleu, que nous n'avons jamais vu, mais qui est un animal doux et utile ?

» Si nous n'immolions plus de victimes humaines ?

» Si nous n'en mangions plus ?

» Si nous comptions jusqu'à vingt au moyen des doigts de nos pieds ?

» Si nous creusions des trous pour nous coucher ? »

Les chefs de la nation, les pontifes du gros crapaud crient au novateur, à l'anarchiste, à l'idéologue. Aux applaudissements de toute la nation, on le sacrifie au gros crapaud, et on le mange.

Cependant les fils de ceux qui l'ont sacrifié et mangé, ceux qui ont été conçus dans l'ivresse peut-être du repas dont il a fait les frais, ceux-là ont adopté les trous pour demeures, comptent jusqu'à vingt, adorent le grand renne bleu dont ils sont les pontifes, et ne lui sacrifient plus de victimes humaines. Le dernier poëte mangé était maigre, coriace. On n'en mange plus.

Alors s'élève un autre poëte.

« Notre langue, dit-il, se compose de cinq grognements. Cela ne permet pas d'exprimer toutes les idées. Je propose d'y en ajouter cinq autres.

» Le renne bleu n'est pas bien méchant, mais il est un peu bête, et puis il n'existe pas.

» Si nous adorions le soleil, qui fait pousser la mousse et le lichen ?

» Si nous nous couvrions de peaux de bêtes ?

» Si nous prenions les phoques vivants avec des lances et des harpons, au lieu de manger les cadavres de phoques que la mer nous apporte ?

» Si nous avions tous des rennes ? »

On le condamne à l'unanimité à être enterré vivant.

Lui enterré depuis quelque temps, les fils de ceux qui l'ont enterré proclament le culte du soleil, dont ils se font les pontifes. Désormais on se vêtira de peaux de bêtes, dont les plus belles seront réservées aux prêtres du soleil. On enrichit la langue de cinq nouveaux grognements; la nation tue les phoques qu'elle surprend sur la plage, au moyen de lances et de harpons.

Après quelque temps vient un nouveau poëte; il a gravi la colline, redescend et dit :

« J'apporte une bonne nouvelle. Sur l'autre versant

de cette colline, il y a un pays enchanté ; il n'y fait guère que vingt-cinq degrés de froid ; il y a des arbres qui ont des fruits, des oiseaux et des animaux plus variés ; franchissons la colline, et allons dans ce charmant pays. »

L'indignation publique s'élève à un si haut degré contre cet insensé qu'on le déchire en morceaux ; ce n'est que plusieurs années après que, sous la conduite des fils de ceux qui l'ont déchiré, la nation franchit la colline et s'établit dans une vallée relativement heureuse. On proclame les conducteurs bienfaiteurs de l'humanité.

Cette vallée moins froide et plus fertile est humide et pluvieuse. Un de ces mêmes hommes qui ont la manie des lieux hauts et des cimes, redescend du sommet d'une haute montagne et dit :

« De l'autre côté de cette montagne il y a la mer. Nous sommes dans une île, mais de l'autre côté de la mer il y a une terre, un continent fortuné. Là sont des palmiers chargés de fruits exquis. Le soleil caresse cette terre préférée de ses regards féconds ; l'air y est doux et parfumé. Il y pleut rarement, et d'ailleurs la terre sablonneuse et altérée boit l'eau du ciel avec avidité, et on n'y voit pas de boue. Faisons des canots et allons-y. »

La fureur des marchands de sabots, à l'idée d'aller sur une terre où il n'y a pas de boue, ne se saurait décrire. On a beaucoup de peine à leur arracher des mains l'auteur de cette proposition anarchique. Dire que le pays où l'on est est entouré d'eau, quelle folie! qu'il y a une terre au sud, quel rêve! qu'il faut quitter un pays où on vend tant de sabots et où on les vend si cher, quel crime! qu'il faut construire des canots, rêve, folie et crime! On dresse un bûcher et on brûle le fou furieux.

Trois ans après, la nation est installée sur le continent américain. Les marchands de sabots sont nommés rois pour y avoir conduit la nation; ils trouvent là d'autres peuples et leur font la guerre pour les conquérir. La moitié des Esquimaux est massacrée; mais comme on a massacré la moitié plus un des Américains, les Esquimaux se réjouissent, se glorifient et adorent les marchands de sabots qui leur ont procuré cette gloire.

Alors paraît et se lève un nouveau poëte, un prophète qui dit:

« Aimons-nous les uns les autres.

» La conquête est une chose horrible et bête.

» Le soleil n'est pas Dieu; ce n'est que le regard de Dieu.

» Les femmes feraient bien de ne plus oindre leurs
» cheveux d'huile de poisson rance et infecte. »

On le met aux galères.

Plus près de nous, qu'un homme manifeste un amour inflexible du vrai et du juste, doublé d'une haine sincère de l'absurde et de l'injuste : ceux dont l'absurde et l'injuste sont le patrimoine, d'accord avec ceux qui ont pris la profession de les attaquer, comme ils auraient pris celle de ferblantiers ; ceux qui tiennent beaucoup au succès de leurs plaidoiries, mais pas du tout au succès de leurs causes ; qui attaquent les abus, non pour les détruire, mais pour les conquérir : ces deux classes réunies font semblant de ne pas savoir que cet homme existe. Cependant ils l'écoutent, le lisent et prennent des notes. Si cependant ils s'aperçoivent un jour que quelques passants se sont arrêtés et écoutent, ils usent d'une dernière ressource.

— « N'est-ce pas, disent-ils aux passants, que cet homme a beaucoup d'esprit, et que ce qu'il dit est tout à fait drôle et plaisamment débité ? Il est impossible de faire de plus charmants paradoxes. Ces esprits légers ont réellement beaucoup de charmes. » Puis ils lui trouvent un sobriquet qui, pour le public, a l'air d'un compliment et qui en réalité est un sobriquet atténuant, destiné à réduire tout ce que dira cet homme aux proportions d'une facétie, d'un coq-à-l'âne. Ils l'appelleront le spirituel auteur de... ou de... Dès lors le tour est à moitié joué.

Puis, de temps en temps, quand une des réformes pour lesquelles il a combattu vient a être inévitable, ils abandonnent la maison qui va crouler et vont se mêler aux démolisseurs; ils relisent les notes qu'ils ont prises sur ce qu'il disait; ils nettoient ses pensées de tout ce qu'il peut y avoir de verve et d'originalité; ils en font ensuite quelque chose de lourd, de froid, d'ennuyeux. Il n'y a pas moyen de les appeler spirituels auteurs de... ou de...; ils se déclarent, sans contestation et sans obstacles, eux-mêmes, hommes sérieux; ils entrent de plain-pied dans la politique, dans les académies, etc.; et comme l'éclaireur, le pionnier, s'est remis en route à l'attaque d'autres abus, ils le regardent faire en reprenant des notes et en disant: « Il est vraiment à crever de rire! d'honneur on n'a pas plus d'esprit que le spirituel auteur de. . ou de... »

Plus près de nous encore... Mais ce serait trop près. En voilà assez pour le moment.

Quoi qu'en disent des gens pour qui la religion est beaucoup plus une industrie qu'une conviction, le temps de la tolérance est inévitablement et fatalement arrivé.

La facilité et la fréquence des communications rendent impossibles les haines de religion, comme les haines de nation. Croquemitaine n'existe que jusqu'au moment où on le voit.

Il n'y aura plus moyen de faire accroire aux gens d'une religion ou d'une secte, que tous les hommes d'une autre religion et d'une autre secte sont des monstres, des ours et des singes.

On verra de très-honnêtes calvinistes et de très-bons musulmans ; eux-mêmes ne feront plus et surtout ne croiront plus les anciens contes sur les catholiques et sur les chrétiens.

Au lieu de s'amuser à créer de nouveaux dogmes et à fendre des cheveux en quatre ; au lieu de faire puérilement une foule de petites chapelles, il faut édifier de grandes églises sans portes, où tous les hommes puissent se rassembler pour honorer, pour implorer et remercier Dieu ; il faut laisser les discussions de dogmes aux docteurs spéciaux et adorer ensemble un seul et même Dieu, sans se disputer désormais sur la couleur de sa barbe et celle de sa tunique. Pour ce qui est de s'entr'égorger et de s'entre-brûler, je suis forcé de dire aux industriels en religion qu'il n'y faut plus penser.

Où est le temps des croisades où les princes et leur noblesse quittaient leurs États, leur famille, leurs devoirs, et aussi un peu leurs créanciers, pour aller tuer des Turcs, se proclamant les serviteurs d'un Dieu qu'ils avaient ainsi l'audace impie de faire mauvais, stupide, impuissant, aimant l'odeur des victimes humaines et ayant besoin de la protection d'une partie des hommes contre les autres?

Où est le temps où Louis XIV croyait rentrer en grâce auprès de Dieu en révoquant l'édit de Nantes et en faisant massacrer les calvinistes?

Aujourd'hui, la France de saint Louis et de Louis XIV se trouve l'alliée des calvinistes et des mahométans, sans compter les Piémontais excommuniés ; — et le pape, à Rome, ainsi que le clergé des quatre nations, évêques, pasteurs, imans, adressent au même Dieu des prières pour le succès de leurs armes réunies. — Et pour le moment, le Dieu des armées (vieux style) paraît écouter favorablement ces prières où se mêlent les voix des catholiques, des huguenots, des musulmans et des excommuniés.

Il faut que les ultra-catholiques, comme les ultraprotestants et les ultra-mahométans s'y résignent : le règne des fanatiques est passé, — celui de Dieu est arrivé sur la terre comme au ciel. — Il n'y a plus de sectes, plus d'hérésies, plus de persécutions ni de haines possibles.

Il est arrivé enfin ce qui arriverait si le producteur et le consommateur, en toutes choses, pouvaient s'aboucher et traiter directement ensemble, sans l'intermédiaire des traficants.

Quand il plaira encore aux hommes de se haïr, de se couper en morceaux, ce sera ouvertement et franchement pour leur propre plaisir et leur propre méchanceté ; il n'y aura plus moyen de prendre pour prétexte le plaisir et la méchanceté d'un Dieu que ceux qui le protégeraient insolemment, et surtout ceux qui répandraient le sang en son nom et en prétendant venger les offenses qu'on lui fait, seraient en réalité seuls à offenser.

Amen !

Je regardais l'autre jour un saltimbanque, quelque peu arracheur de dents ; j'admirais ce qu'il dépensait d'intelligence, d'esprit, de fourberie et d'adresse pour rassembler un franc en vingt pièces, et je pensai à certaines gens qui gagnent des millions et de la considération à beaucoup moins de frais, avec des moyens usés, bêtes, grossiers, qui feraient siffler le saltimbanque et le laisseraient mourir de faim.

L'homme est plus malheureux souvent par ses exigences que par des malheurs réels. Ainsi, j'entends tous les jours des gens se plaindre de l'ingratitude des enfants ; c'est se plaindre de l'insolvabilité d'un homme qui ne vous doit rien. Cet amour que nous avons pour nos enfants, c'est aux enfants qu'ils auront, et non à nous, qu'ils le doivent et qu'ils le rendront ; de même ceux-ci leur rendront la même ingratitude, et ils seront comme nous assez injustes et assez bêtes pour se plaindre.

De même on s'attache aux gens bien plus pour les services qu'on leur rend que pour ceux qu'on en reçoit. C'est le bienfaiteur qui retire le plus de plaisir du service rendu. L'obligé se sent faible, petit, obligé ; l'autre se sent bon, puissant, bienfaiteur.

Nous parlions dernièrement des petits employés

dont les appointements sont devenus insuffisants. Il en est de même des militaires retraités qui doivent avoir aujourd'hui beaucoup de peine à vivre. Supposons qu'au prix de grands sacrifices on parvienne à satisfaire leurs besoins : nous vous dirons alors que le magistrat qui n'a pas de fortune patrimoniale ne peut pas non plus vivre conformément à son rang. Puis nous en trouverons d'autres.

Il ressort de cela que ce n'est pas en augmentant l'argent, mais en diminuant la cherté, que vous rétablirez l'équilibre, et vous ne diminuerez la cherté que par l'agriculture.

Il serait bon aussi de convenir qu'on peut être pauvre honorablement, et surtout il serait bon de mettre la chose en pratique.

II

A PROPOS DE LA GUERRE DE RUSSIE.
UN BERGER VOLANT. — LE BONHEUR.
LE SECRET DES HOMMES DÉVOILÉ
AUX FEMMES. — MM. LES SAVANTS.
SOPHISTICATION DES NOMS.

Quelqu'un de gai a trouvé moyen de glisser un épisode comique dans la guerre de Russie. Ce quelqu'un est un gentleman qui a fait très-gravement la proposition que voici : — De faire apprendre à la marine et à l'armée anglaise « les cinquante mots les plus polis de la langue française pour témoigner l'estime, le respect, la reconnaissance, l'approbation, etc. » Si cette proposition était acceptée, il est probable que les Français ne voudraient pas demeurer en reste de politesse : ils apprendraient également cinquante mots anglais. De telle sorte que dans les opérations combinées des deux flottes et des deux armées on reconnaîtrait les Anglais à ce qu'ils parleraient français, et les Français à ce qu'ils parleraient anglais.

— « Que vous êtes joli, que vous me semblez beau ! — diraient les Anglais. — J'ai bien l'honneur d'être votre serviteur. » Et ils fredonneraient « Malbrouck s'en va-t-en guerre. »

A quoi les Français répondaient : — *How dou you dou ?* — *At your service*, et chanteraient *God save the queen*, qu'ils prononceraient aussi mal que je l'écris, de telle sorte que personne ne se comprendrait plus, attendu que chaque peuple arriverait facilement à ne pas parler sa langue, mais nullement à parler celle de l'autre.

C'est ce qui arriva au président de Montesquieu, qui, allant voir Malborough et ayant appris l'anglais, se figurait le savoir. Il pérora en anglais pendant un quart d'heure, après quoi Marlboroug lui dit : — « Monsieur, je ne comprends pas le français. » J'ai lu cette histoire, et je pense qu'il s'agit de l'oncle de l'auteur de l'*Esprit des lois*.

C'est effrayant ce qui se découvre de planètes. Il y a un Anglais qui en est à sa huitième. — M. Leverrier est bien diminué ; — mais pour ma part j'ai une médiocre admiration pour l'habileté des découvreurs de planètes, et voici pourquoi. De grands et d'illustres astronomes ont passé toute leur vie sans en découvrir ; puis il y a des époques où tout le monde en découvre ; cela ne peut s'expliquer que d'une manière : — il y a des étoiles qui sont si éloignées de nous que leur lumière, quoique faisant honnêtement son état de lumière et parcourant régulièrement ses petits trois cent mille kilomètres par seconde, met cependant une dizaine d'années à nous parvenir. — Les astronomes admettent qu'il y a sans doute des planètes dont la lumière met cent ans, mille ans, peut-être davantage, à venir jusqu'à nous.

Il arrive donc tout simplement que les planètes que découvrent MM. Hind, Leverrier, etc., et que n'avaient pas vues leurs prédécesseurs, sont des planètes dont la lumière n'avait pas encore eu le temps de venir jusqu'ici ; — ce ne sont pas des fruits qu'ils sont allés cueillir au haut des arbres, ce sont des fruits mûrs qui sont tombés comme ils passaient et qu'ils ont ramassés.

Ces découvertes devenant si fréquentes, — Arago ne faisait plus découvrir les planètes que par son secrétaire. Les découvertes astronomiques vont cependant prendre un assez grand intérêt à cause d'une autre découverte qui vient, assure-t-on, d'être faite par un berger ; — il s'agit de l'art de voler ; — alors on pourra visiter ces mondes, que ce qui se passe ici nous fait supposer meilleurs, et au besoin s'y installer.

On appelle volontiers meilleur ce qu'on n'a pas. L'homme a adroitement placé son bonheur dans des choses impossibles et son malheur dans des choses inévitables.

Je disais un jour à une femme qui se plaignait d'un infidèle : « La plus charmante femme du monde finit toujours par s'apercevoir que la première venue a un avantage sur elle, c'est d'être une autre. »

Revenons à notre berger voltigeant.

Il n'est personne qui ne fasse de temps en temps ce rêve ravissant, que l'on a la faculté de voler et de s'élever très-haut. — Comme on est triste au réveil lorsqu'on se sent lourd, et pesant, et enchaîné dans son lit.

C'est ce qui arrive à la fin de la jeunesse, lorsqu'on

perd les ailes brillantes sur lesquelles l'espérance et l'imagination nous portaient si loin et si haut.

Il y a aujourd'hui tant de médecins de toutes sortes, en agriculture comme en hygiène, qu'il faut bien, pour leur donner de l'ouvrage, inventer des maladies. — Certes, je ne nie pas les souffrances de la pomme de terre, de la vigne, etc.; mais cependant il serait bon de mettre un terme aux terreurs que répandent certaines personnes, semblables à ce chirurgien qui donnait le soir des coups de couteau aux gens qui passaient près de sa maison, où on les transportait à panser, ce qui lui faisait de la clientèle.

Chaque jour on appelle l'attention sur un insecte qui dévore tel ou tel végétal, sur une végétation dite parasite qui l'étouffe, et on propose des moyens de destruction contre l'insecte et contre la plante.

L'homme et le savant, qui est une variété inférieure de l'homme, partent d'un point faux qui les entraîne dans des raisonnements absurdes.

Ils se figurent que tout dans la nature a été fait exclusivement pour l'usage de l'homme.

C'est ainsi que le grand poëte Bernardin de Saint-Pierre, auquel les Havrais, qui l'avaient tant ennuyé pendant sa vie, ont dressé tardivement une statue, disait : « Les plantes qui exhalent de suaves parfums sont de petite taille pour que l'homme puisse les respirer. » Il oubliait les acacias.

L'homme se figure ainsi des droits dont la négation lui paraît criminelle, et les savants, qui devraient rectifier ses idées, s'efforcent au contraire de les exagérer.

J'en veux aux savants aujourd'hui plus que de coutume, et je suis dans mon droit, ayant fait preuve d'ignorance récemment par une définition de l'or inexacte qui m'a attiré l'animadversion des chimistes. — J'ai la colère de l'homme qui a tort.

L'homme, *roi* de la nature, se figure, par exemple, que la violette a été créée uniquement pour que sa femelle en porte de gros bouquets.

Il y a une dizaine de chenilles qui, avant de devenir papillons, mangent la violette ; — elles sont parfaitement dans leur droit. — L'homme s'écrie : « La violette est menacée, envahie ! » Et il prêche une croisade contre les chenilles de ces beaux papillons nacrés, jaunes, orange, qui sont en réalité les maîtres légitimes de la violette.

De même il appelle plantes parasites des plantes qui sont parfaitement chez elles et pourraient lui rétorquer cette injurieuse dénomination.

L'homme a fait alliance avec le ver à soie, — c'est-à-dire qu'il le fait travailler à son profit. — Il lui a assigné, en don non gratuit, le mûrier, et il s'indigne de voir d'autres animaux user du mûrier sur lequel le Créateur leur a assigné antérieurement un revenu.

Les savants dénoncent cette semaine trois insurgés contre l'homme, trois *parasites* qui, à l'exemple de l'oïdium tuckerii, — envahissent le mûrier, le prunier et le houblon, — *septoria mori*, — *uredo castenei et erysiphe humili*. Ce sont des mots latins et non pas des injures.

Il y a quelque temps on désignait à l'animadversion publique, comme découverte importante, les pucerons qui de tout temps ont habité les rosiers, les groseilliers, les sureaux, etc., de telle façon qu'il serait bien difficile d'affirmer que les rosiers, les groseilliers n'ont pas été faits pour nourrir ces pucerons.

J'aime assez ce philosophe qui prétend que l'homme est un animal parasite du bœuf.

Deux hommes se rencontrent sur le boulevard des Italiens. L'un des deux s'arrête, regarde l'autre, puis s'écrie :

— Eh! je ne me trompe pas : c'est bien lui.
— Ah! parbleu, dit l'autre, quelle heureuse rencontre! Voilà tantôt dix ans que nous ne nous sommes vus.
— Ce cher ami !
— Cet excellent camarade !
— Mais vous avez donc quitté Paris, que je ne vous ai rencontré nulle part ?
— Oui, j'ai voyagé.
— Ah ça! il est six heures, entrons dans le premier cabaret et dînons ensemble.
— Volontiers, nous pourrons jaser un peu en liberté.

Nos deux hommes entrent au café de Paris, se placent dans un coin et commandent leur dîner.

— Ah! vous avez voyagé ?
— Oui, et assez longtemps.

— Vous aimiez les voyages étant tout enfant, et vous vous êtes fait confisquer au collége plusieurs volumes des voyages du capitaine Cook.

— Mon goût pour les voyages alors ne pouvait s'exercer qu'en faisant l'école buissonnière.

— Et... vous êtes marié?

— Marié et père de trois enfants. Et vous?

— Je suis marié, mais je n'ai pas d'enfants.

— Ah ça! puisque le hasard nous a réunis, nous ne ferons pas la sottise de nous perdre de nouveau. Je donne quelques soirées l'hiver, un ou deux bals; nous ferons danser madame Birk.

— Nous avons aussi quelques réunions que madame Landin embellira de sa présence.

— De plus, j'ai à trois lieues de Paris une campagne assez jolie; il y a un étang et une jolie pêche. Es-tu pêcheur?

— Oui, certes, et chasseur. J'ai, un peu plus loin que toi, une maison où nous pourrons tuer quelques perdrix et rouler des lapins; un certain nombre d'arpents de bois...

— A propos de bois, comment va ton père, qui en a si heureusement tant vendu?

— J'ai eu le malheur de le perdre. Et le tien?

— Il est allé dans un monde meilleur.

— Continues-tu sa fameuse maison de soieries ?

— Pouah !... C'était une manie du bonhomme... Je n'ai pu le décider jusqu'à la fin à renoncer au négoce.

— Fumes-tu ?

— Oui, comme tout le monde.

— Viens fumer un cigare sur le boulevard.

— Ce cher ami ! il faut que je te présente à ma femme le plus tôt possible.

— Et moi à la mienne... puis nous ferons faire connaissance à ces deux dames, et je ne doute pas qu'elles ne deviennent deux amies à notre exemple.

— Où demeures-tu ?

— Je vais te donner ma carte ; donne-moi la tienne.

Ici un moment d'hésitation, de trouble même ; les deux amis sont frappés à la fois d'une même idée. Du moment où cette idée s'est emparée de leur esprit, leur attitude change complètement.

— Tiens... je n'ai pas de carte, mais j'irai te prendre et je t'amènerai chez moi... un de ces jours.

— Je n'ai pas de carte non plus... Je demeure place de la Madeleine ; mais je sors beaucoup... des affaires...

— Après ça... une fois qu'on s'est retrouvé... on ne

se rencontre pas pour une fois... surtout sur le boulevard, car c'est là que l'on vit...

— Nous ne pouvons manquer de nous rencontrer souvent. Il ne se passe pas un jour que je ne fume mon cigare sur le boulevard.

— Eh bien, adieu... au plaisir de vous voir...

— Pardon si je vous quitte si vite... c'est que je vois là-bas un homme auquel il faut que je parle.

— A bientôt.

— A la prochaine occasion.

Voici maintenant l'explication de ce brusque revirement dans l'amitié des deux anciens camarades. — Birk était fils d'un riche marchand de bois ; Landin, fils d'un marchand de nouveautés non moins riche. Ils avaient été camarades de collège, et s'étaient vus ensuite très-familièrement et très-intimement pendant leur première jeunesse. — Leur joie mutuelle en se revoyant n'était pas feinte ; mais, quand il s'agit d'échanger les cartes, Birk se rappela que sur la sienne il y avait M. B. de Feugères. Landin se remémora que la sienne portait simplement M. de Bomanville. Chacun des deux paya en ce moment par la crainte du ridicule le plaisir qu'il s'était donné : le premier, d'ajouter à son nom celui d'une terre que son père avait achetée et conservée juste le temps d'en couper et d'en vendre les bois ; — l'autre, le nom d'un village auprès duquel il avait été en nourrice.

C'est un ridicule dont les exemples sont très-communs aujourd'hui ; mais ceux qui se donnent tant de peine pour se rendre ridicules sont dans la situation d'un voleur qui prendrait la nuit, avec effraction, une argenterie de maillechort. — Mettre plus ou moins laborieusement un *de* devant son nom ne vous déguise même pas en noble. Le *de* ne prouve absolument rien. Beaucoup de familles d'une noblesse très-ancienne et très-incontestable ne le mettent pas et ne l'ont jamais placé devant leur nom ; d'autres l'ont mis ou l'ont laissé mettre récemment par la politesse maladroite et ignorante d'autrui.

A propos de noblesse, ce peut être, selon moi, une heureuse institution que celle qui lègue aux enfants d'un grand homme une gloire qui les oblige. Il est seulement une absurdité en faveur de laquelle je défie qu'on me donne une raison même plausible : c'est celle qui fait que la noblesse la plus ancienne est la meilleure. Ainsi, un homme qui aujourd'hui l'obtiendrait pour prix des plus grands services rendus à son pays, serait moins noble que le descendant, fût-il crétin, d'une famille dont la seule illustration remonterait à un ancêtre tué sous le règne de saint Louis ; ainsi, le fondateur de cette famille, celui qui a conquis la noblesse dont elle est si fière, s'il vivait en même temps que son dernier descendant, serait moins noble que lui.

Ce serait le contraire qui serait raisonnable et qui devrait avoir lieu, de même que le fils d'un blanc et d'une négresse n'est que mulâtre, que les enfants sont quarterons, et les enfants de ceux-ci métis (je ne suis pas bien sûr de la propriété des termes, mais mon idée est claire), il est absurde que l'illustration soit plus grande pour une famille, à mesure qu'il y a plus longtemps qu'aucun de ses membres ne l'a méritée. Le fils d'un noble devrait être moins noble que son père, et son fils moins noble que lui, jusqu'à ce qu'après un certain nombre de générations, le descendant de ces familles eût à mériter lui-même cette distinction ou à rentrer dans la foule.

Je parlais tout à l'heure de l'erreur des braves gens qui se croient de grands personnages parce qu'ils ont frauduleusement glissé deux lettres « de » devant leur nom, et de l'erreur aussi niaise de ceux qui les respectent, les envient et les haïssent pour cela.

Il est un autre abus que de vrais nobles ont introduit depuis quelques années. — Le fils aîné d'un marquis est comte et ne devient marquis qu'à la mort de son père; il laisse alors le titre de comte à son puîné; le troisième est vicomte, etc. Eh bien ! aujourd'hui le fils d'un marquis se fait appeler marquis, même du vivant de son père. Les frères d'un comte se font appeler comte. Tout cela réuni fait qu'il y a énormément de nobles et très-peu de noblesse.

Les tribunaux viennent de sévir contre un nouveau café. Ce café se vendait dans des sacs illustrés d'éléphants, de chameaux, etc.; — en effet, c'étaient des « mottes en poudre. »

C'était en effet un perfectionnement. — J'ai constaté plus d'une fois le soin que prenaient quelques-uns de nos compatriotes de nous faire avaler en infusion des mottes à brûler. — Mais, quoique moins chères que le café, les mottes à brûler ont encore leur valeur : ça ne pousse pas dans les champs comme l'herbe, il faut les acheter, — le prix d'achat doit être défalqué du prix de vente : c'est une perte pour le marchand. — Une société s'est formée qui a songé à substituer aux mottes à brûler, une substance moins dispendieuse. — Ah! vous vous figuriez qu'on allait comme cela vous donner toujours des mottes à brûler en infusion ? Non, cela ne pouvait durer qu'un temps ; l'industrie ne pouvait rester stationnaire, elle cherche infatigablement le progrès.

Le problème à résoudre était celui-ci : vendre comme café, et surtout au prix du café, une substance de peu de valeur, de moins de valeur que les mottes à brûler. — Eh bien! ce problème a été résolu d'une manière qui rend impossible tout autre progrès : les inventeurs ont fait, dans la voie du progrès, non plus un pas, mais un bond qui les a portés tout d'un coup à un but qu'il n'est plus possible de dépasser.

Au café de mottes à brûler ils ont substitué le café de terre, — la première venue, la terre du chemin, la boue des rues, la bouillie du macadam des boulevards.

Tout en applaudissant à ce progrès, on ne peut cependant refuser quelque indulgence au ministère public qui l'a dénoncé et aux magistrats qui l'ont maltraité. — Le café n'est pas une substance, un aliment simplement matériel, grossier, comme le pain, comme la viande : — le café est l'hippocrène des modernes. — Dieu sait que de beaux vers nous avons perdus, parce que nos poëtes boivent du café de mottes à brûler et du café de macadam !

III

EN FAVEUR DE LA PARESSE

Les gens de quelque valeur passent presque tous pour paresseux. Si la chose est vraie, c'est bien heureux, car sans cela ils seraient un peu plus les maîtres du monde que les autres ne le voudraient.

Mais voyons un peu ce que l'on appelle la paresse.

Un esprit supérieur ou délicat ne sert au public que des fruits choisis, des fruits sains et mûrs, des fruits de son propre jardin.

Ces fruits, il faut que le germe s'en développe lentement; puis les fleurs s'épanouissent sur les arbres. Oh! c'est alors le beau moment et la fête du poëte; c'est le moment de la conception; c'est le moment où l'idée, encore vague et sans contours arrêtés, voltige devant ses yeux, comme les papillons bleus dans les luzernes. Les fleurs s'épanouissent, les arbres sont couverts d'une neige blanche et rose, et l'air est doucement parfumé d'une odeur que sentent seulement les délicats.

Puis il faut arrêter ces idées, il faut les forcer de prendre un corps, il faut dessiner leurs contours.

Une petite bise froide couvre la terre de la neige rose et blanche.

Puis les fruits commencent à grossir.

Puis quand les fruits sont formés, le soleil vient les colorer.

Le soleil du poëte, c'est le regard d'une femme aimée, c'est une grande pensée, une grande conviction; c'est la haine de l'injuste et de l'absurde; c'est l'amour de la liberté.

Les fruits sont mûrs, leur velours est teint des plus fines nuances du carmin.

Il s'agit alors de les cueillir et de les choisir en rejetant ceux qui ne sont pas assez mûrs, ou ceux qui, mûris à l'ombre, ne sont pas colorés, ou ceux qui ont été meurtris ou attaqués par un insecte.

Et l'on dit : « Il n'y en a guère, voilà un jardinier bien paresseux ! »

Un autre, au contraire, secoue ses arbres tous les matins, ramasse les fruits verts, les fruits aigres, les fruits gâtés ; puis, le panier au bras, va, soit au marché, soit à la maraude. Il ramasse tout, ne choisit rien, ne jette rien.

A la bonne heure, voilà un homme qui travaille !

A qui réellement en ce temps-ci pourrait-on reprocher avec justice d'être paresseux ?

Rossini, par exemple, est regardé comme le type de la paresse.

Eh bien ! Rossini a fait plus de quarante opéras ! Donnez à chacun de vingt inconnus deux de ses opéras, et ces vingt inconnus seront demain vingt musiciens illustres.

On montrait à un prétendu paresseux, qui n'a publié que quelques beaux livres, un ouvrage d'un écrivain plus fécond. « Tenez, lui disait-on, en voilà un qui n'est pas paresseux. »

Il parcourut le livre, et dit : « Toutes ces choses-là, les unes me sont venues à l'esprit, et je les ai repoussées comme des préoccupations incommodes ; les autres me sont venues à la plume, et je les ai effacées. »

Loin de reprocher la paresse aux contemporains, il est bon, au contraire, de plaider les circonstances atténuantes de l'excessive fécondité de la plupart d'entre eux.

Louis XIV ne donne pas de pensions aux écrivains. Louis XIV est mort ; c'est la première raison, mais ce n'est pas la meilleure : la meilleure est que les écrivains de notre siècle trouveraient la pension de Louis XIV trop chère et ne l'accepteraient pas. Le public, d'ailleurs, ne permettrait plus à un écrivain de talent d'être pensionné de Louis XIV. Un écrivain ne peut plus se donner au cardinal-ministre comme M. Chapelain, pas plus qu'il ne pourrait en acheter le bel habit de satin colombin orné de rubans verts avec lequel ce bel-esprit se présenta pour la première fois à l'hôtel de Rambouillet.

Richelieu trouva, dit-on, fort mauvais que Balzac ne lui eût pas dédié ses ouvrages.

« Se croit-il assez grand seigneur, disait le cardinal, pour ne pas dédier ses livres ! »

Aujourd'hui tout le monde se croit assez grand seigneur pour ne dédier ses livres qu'à ses amis et à sa maîtresse.

Un exemple :

On trouve dans les œuvres de Colletet une pièce de vers ainsi intitulée :

« A monseigneur l'archevêque de Rouen, messire F. de Harlay, sur l'Apollon d'argent qu'il m'a envoyé pour récompense de mon hymne sur la pure Conception de la Vierge, l'an 1634. »

Il s'est présenté en 1855 (on disait autrefois en l'an de grâce) une circonstance analogue pour la promulgation d'un nouveau dogme.

Il s'est fait sur ce sujet beaucoup de vers et de prose, aussi mauvais sans contredit que pouvaient l'être ceux de Colletet. Eh bien ! monseigneur l'archevêque de Rouen n'a envoyé d'Apollon d'argent à personne, ou si quelqu'un en a reçu, il ne s'en est pas vanté.

Il faut aujourd'hui que l'écrivain vive de son travail, et en vive honorablement. De parasite, il s'est élevé au rang d'ouvrier.

Mais cette indépendance, il faut la payer. On la paye en ceci que chacun écrit un peu plus qu'il ne le voudrait et ne le devrait ;

Qu'il faut porter au marché, sinon tous, du moins presque tous les fruits du jardin ; que si l'on rejette encore les gâtés, il faut en admettre quelques-uns qui ne sont pas bien mûrs et d'autres qui sont de forme imparfaite.

De telle sorte que, pour être juste envers un écrivain de ce temps-ci, il faut le juger, non d'après tout ce qu'il a fait, mais d'après ce qu'il a fait de mieux; élaguer de ses œuvres ce que la postérité en élaguera et ce que lui-même aurait préféré ne pas publier.

Les paresseux étant ainsi justifiés, non de leur paresse, mais de leur fécondité, je passe à un autre sujet.

Lorsqu'on a toutes ses affections partagées entre un petit nombre de personnes, lorsqu'on n'a de relations étroites qu'avec les objets de ses affections, on échange dans cet heureux commerce tout son or en lingots. On n'est pas obligé de diviser ces lingots d'abord en menues pièces, puis ensuite de changer ces pièces contre du billon, puis de frapper un peu de fausse monnaie. Les gens qui ont tant d'amis se divisent en menues parcelles, et ne reçoivent de chacun que des bribes pareilles.

O musiciens ! enfants chéris du ciel, que les peintres

et les poëtes courbent le front devant vous, car la musique, c'est la langue du ciel. Là où s'arrête le génie du peintre, là où le poëte n'a plus que des sensations confuses qu'il est impuissant à exprimer, là où s'arrête la poésie, la musique commence.

Je parle de la vraie musique.

VI

LES HÉRITIERS VOLÉS. — CONTRE LE PISTOLET. — HISTOIRE D'UN VICOMTE ET D'UN CANARD.

Savez-vous un des soucis des romanciers que l'on accuse si souvent d'épouvantables inventions? — quelle flatterie! — C'est de choisir entre les choses et les gens qu'ils voient ce qu'il y a de plus vraisemblable, en rejetant un nombre infini de portraits et de faits que l'on laisse à l'histoire. En effet, l'histoire a beau être le recueil des mensonges convenus et acceptés, elle passe pour vraie *à priori;* elle n'a pas besoin de la vraisemblance. Quand vous doutez, elle vous appelle ignorant ou vous dit : « Allez-y voir. » — Le roman, au contraire, est l'histoire éternelle et vraie de tous les siècles et de tous les pays, puisque c'est l'histoire du cœur humain et des passions, et que chaque lecteur peut en vérifier lui-même l'exactitude, car l'auteur peut lui dire avec le poëte latin : C'est vous qui êtes le sujet de ma fable, — *de te fabula narratur*, — et avec l'apôtre : « Ferme les yeux et tu verras. » Néanmoins, le roman étant réputé fausseté et invention, doit nécessairement être vraisemblable, ce qui l'oblige à n'admettre qu'un petit nombre des faits et des gens qu'il voit dans le monde.

Par exemple, je n'aurais jamais osé écrire dans un roman un fait récent d'ingratitude et d'avidité de la part d'héritiers, qui vient de paraître par deux fois devant les tribunaux.

Une dame *** meurt à Paris dans un âge assez avancé. Elle laisse à des parents éloignés et déjà riches une grosse fortune à se partager. Sur cette fortune, elle avait cru pouvoir disposer de 200 francs de rente, et voici pourquoi et comment : Madame *** avait perdu successivement sa mère et ses trois filles. Elle avait acheté un terrain dans un cimetière, avait fait construire un tombeau entouré d'un jardin, et s'était réservé et préparé une place entre ses chères mortes pour le jour où elle espérait les aller rejoindre dans un monde meilleur. — S'il y en a un autre, il serait difficile qu'il fût plus mauvais, et la présente histoire en est une nouvelle preuve ajoutée à bien d'autres. — Madame *** aimait les fleurs ; jusqu'à sa mort, elle en avait soigneusement orné et couvert le terrain sous lequel reposaient les objets de ses affections.

A l'âge où l'on se complaît dans des tristesses vagues et imaginaires, en attendant mieux, — comme les athlètes s'exercent avant la lutte, — qui n'est parfois entré dans un cimetière à la fin de la journée, et n'y a recueilli, comme un funèbre bouquet, les pensées et les rêveries qui y croissent en foule sur les tombes ? L'herbe s'est étendue sur les morts épaisse et drue, en même temps et presque aussi vite que l'oubli dans le cœur des vivants. La pervenche, la violette des morts, comme on l'appelle à la campagne, et le chèvrefeuille surtout, y végètent admirablement. Les corps des personnes aimées se divisent, se transforment et deviennent ces plantes, et le parfum du chèvrefeuille semble être leur âme qui s'échappe et s'exhale.

Madame *** s'inquiéta en mourant. — Qui soignerait les fleurs de la tombe de sa mère et de ses filles ? — qui lui en apporterait à elle, lorsqu'elle serait à son tour étendue sous le gazon, côte à côte avec celles qu'elle avait tant aimées ?

Elle avait ouï parler des héritiers, elle savait qu'elle laissait plus qu'il ne faut pour faire des ingrats. Elle connaissait un jardinier, honnête homme et pauvre ; elle se rappela cette observation : il n'y a que les petits amis qui rendent de grands services. — Elle lui légua le soin du jardin du cimetière ; — elle ordonna à ses héritiers de lui payer pendant toute sa vie une rente de deux cents francs à cet effet, en chargeant ledit jardinier de désigner son successeur, lequel le remplacerait dans les soins et dans la rente, et lèguerait l'un et l'autre à son tour.

Eh bien ! les héritiers ont chicané les fleurs à la morte, ils ont refusé d'acquitter le legs, ils ont remplacé les fleurs par du papier timbré. Ils sont allés marmoter des paroles confuses sur la tombe, mais ce n'étaient ni des prières ni des regrets : — c'étaient des *considérant*, des *attendu que*, des *nonobstant* ; — ils l'ont arrachée au sommeil éternel, et l'ont traduite devant les tribunaux comme une personne qui voulait leur prendre deux cents francs sur *leur* bien ; — ils ont voulu la faire déclarer folle, insensée et voleuse.

On nous dépouille, on nous gruge, on nous assassine ! Deux cents francs, ça ne se trouve point dans le pas d'un cheval. Deux cents francs pour des fleurs !

c'est immoral, c'est indécent, c'est contraire à la dignité que les morts doivent conserver. — Les prodigues, on le sait, sont des gens qui volent leurs héritiers ; mais ordinairement ils ne le font que pendant leur vie. — Mme *** les vole après sa mort. — Ils demandent qu'elle soit déboutée de sa prétention d'avoir des fleurs. — Des fleurs quand on a pour âge l'éternité !

Il s'est trouvé pour dire ces choses un avocat payé avec l'argent laissé par Mme ***.

Il est vrai qu'il aurait aussi volontiers plaidé le contraire, de même que celui qui plaidait pour la morte eût sans hésiter plaidé contre elle si on l'en avait prié.

Les premiers juges ont accordé des fleurs à la morte. — Les héritiers ont appelé de ce jugement de spoliation.

Là ils ont fait représenter leurs arguments avec une force nouvelle. — Ils ont fait injurier la morte : ils en ont le moyen depuis qu'elle leur a laissé sa fortune. Ma foi, ils y ont mis le prix, — ils l'ont fait houspiller, — car les honoraires de l'avocat, c'est encore de l'argent dont elle leur fait du tort, de l'argent qu'elle leur vole. — Les morts n'ont pas le droit de faire ces choses-là. — Au secours ! à l'aide ! à la garde !

La cour d'appel a décidé que la morte aurait ses fleurs, — qu'elle attend depuis plus d'un an.

Un médecin a été condamné à l'amende comme coupable d'homicide par imprudence : — il avait laissé entre les mains de sa servante une fiole contenant de l'acide sulfurique concentré, et une autre contenant une médecine. — Faute d'indication suffisante, la domestique avait livré la première fiole à une personne qui en avait bu le contenu et était morte empoisonnée. L'organe du ministère public a requis les peines contre le médecin en se fondant principalement sur ce que la fiole n'était pas étiquetée. Un des témoins, le frère de la victime, jeune personne de dix-huit ans, qui avait eu la triste chance d'aller chercher le médicament chez le docteur et de l'apporter à sa sœur, vient cependant dire aux débats : « Quand il y aurait eu sur la fiole, en latin et même en français : acide sulfurique, cela ne m'aurait inspiré aucune défiance : je ne suis ni chimiste, ni médecin, et d'ailleurs je sais que ces derniers emploient, et avec succès, les préparations les plus dangereuses dont la dose est confiée à leur sagacité et à leur science. »

Il y a longtemps déjà que j'ai proposé contre des

accidents de ce genre, qui sont plus fréquents qu'on ne pense, une précaution qui les rendrait à peu près impossibles.

Il s'agirait tout simplement de prescrire aux chimistes, droguistes, pharmaciens, etc., de ne se servir pour contenir des substances dangereuses que de fioles en verre d'une couleur déterminée, avec le mot *poison* gravé en relief sur la fiole et dans la matière même du verre. Rien n'est si facile dans l'application. Déjà on se sert de fioles bleues ou vertes pour renfermer des substances que l'action de la lumière pourrait altérer ; d'autre part, plusieurs marchands d'eaux minérales ont des bouteilles auxquelles un cachet, appliqué pendant que le verre est encore fusible, imprime un mot, une adresse qu'on ne peut faire disparaître qu'en cassant la bouteille.

Je tiens au mot *poison*, qui choquera les savants, et je tiens à la couleur du verre, qui pourrait être rouge ou jaune, puisque le bleu et le vert sont déjà employés.

Et voici pourquoi :

Comme le disait le frère de la dernière victime, les noms des substances ne disent rien au plus grand nombre. *Usage externe* que l'on met d'ordinaire sur une étiquette, est insuffisant. Quelques personnes peuvent ne pas comprendre, et l'étiquette peut se détacher. Il faut donc mettre un mot net, intelligible pour tout le monde, fût-il un peu incorrect. Voilà pour l'étiquette.

Je maintiens la couleur parce qu'il y a des gens qui ne savent pas lire. On ne mérite pas plus la mort pour ne pas savoir lire que pour ne pas être chimiste. La couleur serait une indication suffisante qui ne permettrait pas de confondre la fiole avec les autres qui se trouvent auprès d'un malade.

Il n'y a pas que la médecine qui se trompe : la justice humaine est exposée parfois à des erreurs qui ne sont pas moins graves.

Un agent comptable perd sur une grande route un sac contenant 16,000 fr. Des apparences, des présomptions, de malheureuses coïncidences, font tomber les soupçons sur l'agent comptable lui-même. Il établit qu'il n'aurait pu prendre et cacher le sac sans se confier à l'homme qui conduisait la voiture. — Observation judicieuse, dit la justice humaine : cet homme est votre complice ; on va l'arrêter. — Pendant quatre mois ils restent tous deux en prison sous le poids d'une accusation flétrissante. — Mais le hasard les sauve : on découvre que l'argent a été trouvé par un voyageur qui se l'est approprié. Mais c'est seulement il y a quelques jours que les deux accusés ont été mis en liberté. Et Dieu sait ce qu'il peut tenir de désespoirs, d'inquiétudes, pour deux prisonniers dans l'espace de quatre mois? Comme ils ont dû, malgré leur innocence, se rappeler et Calas, et Lesurques, et la servante de Palaiseau ! Comme leur famille a dû être livrée aux angoisses, à la malveillance, à la honte !

Le ministère public et le président du tribunal ont donné à la réhabilitation des deux victimes de cette déplorable erreur toute la solennité qui dépendait d'eux. — Mais je trouve que la loi ne leur donne pas assez de pouvoir en pareille circonstance ; — la réhabilitation doit avoir au moins la notoriété et l'éclat de l'accusation. Les accusés innocents, qui sont sortis de chez eux, publiquement emmenés par des gendarmes, devraient y rentrer publiquement, ramenés avec pompe par le chef de la justice, en grand costume officiel. Une indemnité proportionnelle devrait leur être payée. — On ne doit rien négliger, en un mot, de ce qui peut faire éclater leur innocence. — N'ayez pas peur de trop faire : leur malheur leur fera toujours un peu de tort ; grâce à la malice humaine, l'accusation aura toujours plus de notoriété que l'acquittement.

C'est encore aux tribunaux que j'emprunte le sujet dont je vais vous entretenir.

Un duel qui a causé la mort d'un homme va prochainement amener l'un des combattants et les quatre témoins devant la justice. Je n'ai pas assez de loisirs, pour traiter cette question sous toutes ses faces. Selon moi, les témoins ne devraient pas être accusés et exposés à une condamnation pour avoir assisté à un duel, mais seulement dans le cas où le duel se serait passé d'une manière irrégulière. Grisier, le célèbre maître d'armes, l'a dit avec raison : Les témoins ont tué plus de monde que les épées. Il faut que les témoins soient responsables, mais des irrégularités du duel et non du duel lui-même, sans cela, dans les rares occasions où un duel est inévitable, les combattants ne pourront pas se faire assister par des hommes honorables, et ils confieront leur honneur et leur vie aux premiers venus n'ayant rien à perdre et rien à conserver.

La réprobation du duel sans examen des causes et le procès fait aux témoins, comme témoins, amèneraient des duels sans témoins ou avec des témoins de rencontre.

Aujourd'hui on ne peut plus être *spadassin* ni *bretteur :* on serait déshonoré et ridicule ; les mœurs ont beaucoup fait pour la répression du duel ; on pourrait citer même plus de gens qui ne se battent pas assez, que de gens qui se battent trop.

Il faut laisser subsister le peu qui reste de duel, pour sauver le très-peu qui reste de politesse. — Supposons le duel réellement aboli, et je refuserais net de donner le bras à une femme pour traverser la rue. Il faut bien laisser quelque gêne à l'audace et à la lâcheté.

Mais ce n'est pas là le point que je veux traiter. Autant je crois qu'il faut maintenir le duel dans certains cas très-graves, — autant je désapprouve ces duels amenés par une sotte vanité, ces duels où les adversaires se battent pour la galerie, sans haine, sans ressentiment pour eux-mêmes. — Eh bien ! ces duels ridicules et féroces sont dus le plus souvent à l'usage du pistolet.

Je m'explique :

Si deux hommes se battent à l'épée, il n'y a pour chacun d'eux que deux chances, une bonne et une mauvaise ; un des deux sera touché, lui ou moi.

Au pistolet, il y a trois chances : lui, moi, ou personne.

C'est-à-dire que chacun des combattants a deux chances favorables contre une mauvaise.

C'est ce qui séduit les témoins et ce qui leur fait prêter les mains à des rencontres auxquelles ils refuseraient d'assister si l'un des deux adversaires devait nécessairement être au moins blessé. C'est ce qui amène ces duels pour la galerie, où tout le monde joue sur la troisième chance, le double zéro, où les combattants s'en veulent si peu, qu'ils se contentent d'une opération qui ne prouve qu'une chose, à savoir, que les deux adversaires tirent également mal le pistolet.

Je n'ai assisté que le moins possible à ces sortes d'affaires, — parce que je prends très-sérieusement la responsabilité des témoins.

J'ai fait une fois cesser un de ces duels pour la galerie par une simple observation. — Les adversaires, dont les noms étaient connus et qui se sentaient trèsregardés, avaient tiré chacun deux coups de pistolet ; on rechargeait les armes, lorsque je leur dis : Vous avez montré tous les deux assez de courage et de maladresse ; allons-nous-en.

Le pistolet a un peu des effets des circonstances atténuantes devant le jury. De même que dans certains cas les jurés peuvent demander moins de preuves pour une condamnation mitigée par l'admission de circonstances atténuantes, les témoins consentent à assister à un duel sans cause suffisante, en raison de la chance fréquente des résultats nuls.

Sous un autre point de vue, je maintiens que le pistolet donne à l'adresse et à l'exercice un avantage que l'épée donnerait presque toujours au courage et au sang-froid. Il se fait sur le terrain, à l'épée, bien peu des choses qui s'exécutent à la salle d'armes.

Jamais à l'épée il ne peut y avoir entre deux hommes l'inégalité qui peut exister au pistolet.

D'ailleurs, l'épée est l'arme française. On s'attaque et on se défend à la fois.

Au pistolet, on cherche à s'assassiner chacun à son tour ; chacun à son tour vise un adversaire sans défense.

Grâce au pistolet, les rares duels nécessaires, légitimes, peuvent devenir dérisoires. Grâce au pistolet, des duels pour des causes futiles trouvent des témoins et sont souvent funestes.

M. le vicomte d'A... est le plus heureux des hommes ; il a fait des livres qui ont fait beaucoup de bruit en leur temps ; ces livres ont été traduits en trente-deux langues, en toutes les langues, excepté en français. L'auteur raconte volontiers que l'empereur de Russie, le recevant à Pétersbourg, fit trois pas au-devant de lui et lui dit : — Monsieur le vicomte, la Russie, par ma bouche, vous remercie de l'honneur que vous lui faites de fouler son sol. A l'appui de cette anecdote, il a coutume de montrer une très-grosse perle que l'empereur le pria d'accepter. Il a ainsi un petit musée entièrement composé de témoignages d'admiration des divers souverains. Je ne parlerai pas des tabatières enrichies de diamants, on ne les compte pas, mais on peut citer un portrait en pied de la reine de Taïti, vêtue d'une paire de boucles d'oreilles ; — une dent de l'empereur du Mogol que ce puissant prince se fit arracher exprès pour donner au vicomte une preuve d'estime qui n'eût pas été prodiguée ; — une bague faite de six poils tressés de la barbe du kan des Tartares Mantchoux ; — un diamant bleu

offert par le sultan de Visapour après la lecture d'Ips...
Mais, hélas! il n'est pas de bonheur parfait en ce
monde. Depuis quelque temps, lorsque le vicomte
après ces mots : « de l'honneur que vous lui faites de
fouler son sol, » fouillait à la poche gauche de son gilet
et tirait un morceau de papier, le dépliait et montrait
la fameuse perle, il lui semblait que la perle pâlissait,
jaunissait; — enfin cela devint si marqué qu'il n'y eut
plus moyen d'en douter : — la perle était malade.
On sait que les perles sont sujettes à des maladies
qui altèrent leur émail et détruisent leur éclat. On
évite, assure-t-on, cet accident, en les portant toujours
sur soi à même la peau, jour et nuit, au lieu de les
renfermer dans des écrins comme on fait pour les
diamants, les rubis, les topazes, etc. Le vicomte était
désespéré, il consulta diverses personnes : enfin on
lui dit : Il y a un moyen bien simple de rappeler
votre perle à la santé et de lui rendre tout son éclat :
vous savez les facultés digestives du canard, ce sont
celles de l'autruche, mais très-modifiées et très-amoin-
dries. Il ne faudrait pas faire avaler votre perle par une
autruche, vous ne la reverriez jamais; l'autruche la
digérerait et se l'assimilerait, mais faites-la avaler par
un canard; son estomac ne pourra absorber que l'espèce de rouille qui s'est attachée à votre perle; il vous

rendra le lendemain votre joyau parfaitement nettoyé.

Le vicomte se procura un canard et lui fit avaler la perle; puis, il s'enferma avec le canard en attendant les résultats promis. Le lendemain point de perle; le surlendemain point de perle. La perle est digérée, la perle est assimilée et changée en la substance du canard. Quel malheur! pendant ces deux jours-là, le vicomte ne raconte pas une seule fois l'histoire de sa présentation à l'empereur de Russie; cela inquiète ses amis. Le moins qu'il l'eût jamais contée auparavant était trois fois en un jour; il n'allait nulle part, il ne parlait plus, il pâlissait, il jaunissait comme sa perle, mais il n'y avait pas moyen de le faire à son tour avaler pour un canard.

Vous ne pouvez plus montrer votre perle, lui dit un ami, mais qu'à cela ne tienne; après ces mots : de l'honneur que vous lui faites de la fouler, vous direz : Et voici le canard qui a mangé et digéré la perle que l'autocrate me pria d'accepter. Cela excitera doublement la curiosité, et renouvellera et rajeunira un peu l'histoire. Le quatrième jour, le soir, le vicomte consentit à retourner dans le monde, il parla comme de coutume; il raconta sa présentation à l'empereur de Russie, et après ces mots : de l'honneur que vous lui faites de fouler son sol, — il prit dans la poche gauche de son gilet un petit papier qu'il déplia et dont il sortit la fameuse perle, mais, hélas! diminuée de la moitié. Le canard l'avait gardée trop longtemps.

Cette histoire, confiée seulement à deux amis intimes, devait rester secrète, et l'on n'a jamais su lequel des deux l'avait racontée. Toujours est-il qu'à quelque temps de là, le vicomte, prié à dîner, vit paraître sur la table un canard qui, au lieu d'être entouré d'olives, était entouré de perles, ce qui fit beaucoup rire tout le monde, excepté lui.

V

LES AVOCATS ENGUEULEURS. — SUR LES PENSUMS.

Saumaise n'étant pas d'accord avec le père Pétau sur une étymologie, fit imprimer que le père Pétau était une bête, un âne, le plus méchant et le plus maladroit des bipèdes, un homme prêt à tous les crimes, *pecus, asinus, bipedum imperitissimus et nequissimus, cuilibet sceleri paratus.*

Un jésuite avait fait mieux, il avait pendant vingt-cinq ans colligé tout ce qu'il avait lu et entendu d'injures dans les livres et dans les rues; il en avait fait un cahier qu'il tenait toujours sous sa main. Entendait-il en traversant les halles ou en parcourant les vieux livres quelque invective, quelque insulte, quelque grossièreté nouvelles : il s'empressait de l'inscrire et de l'admettre dans son arsenal.

Aussitôt qu'il avait avec quelqu'un la moindre querelle, aussitôt qu'on n'était pas complétement d'accord avec lui, fût-ce sur le plus futile sujet, il ouvrait son cahier et le copiait tout entier, sans choix, sans mesure, sans proportion avec son sujet de plainte. Tel homme se voyait appeler empoisonneur, ivrogne, fourbe, incestueux, voleur et athée, qui ne se rappelait pas avoir fait pire autre chose que de préférer Virgile à Lucain, ou tel vers de Virgile à tel autre vers du même poëte.

Il est des gens qui dépassent encore et Saumaise et le R. P. de la compagnie de Jésus.

Je veux parler d'une classe d'avocats que l'impunité rend chaque jour plus nombreuse. Je veux parler des avocats engueuleurs.

Le président de Lamoignon, dit-on dans une note d'une édition de Boileau, était fort sévère sur ce sujet et imposait silence, dès les premiers mots, à tout avocat qui se laissait emporter aux invectives.

Ces avocats sont connus au palais, et les plaideurs sont dans l'usage de les opposer les uns aux autres, de telle sorte que, le procès terminé, lorsque le tribunal a prononcé, celle des deux parties que les juges ont déclarée avoir raison a été aussi insultée, injuriée, vilipendée et calomniée que l'autre.

Il est à souhaiter que les magistrats arrêtent toujours énergiquement cette tendance, qui est un manque de respect pour eux. Je sais cependant qu'ils en souffrent, et voici comment je le sais. Il y a quelques années, je pris à partie dans les *Guêpes* les deux plus célèbres de ces messieurs, et les désignant par leur nom, je les houspillai de mon petit mieux.

Quelques jours après l'apparition du volume, je reçus les cartes de trois magistrats, qui sont sans contredit entre les plus élevés.

Quand vous avez un procès, ce n'est qu'avec peine et avec l'autorisation du président du tribunal que vous pouvez plaider vous-même. — Le président même fait suivre son autorisation de conseils et d'avertissements : — « Si vous sortez de la modération, la parole vous sera retirée, etc., » — tant on craint qu'un homme attaqué dans sa fortune, dans son honneur, ne soit pas suffisamment maître de lui, et ne s'emporte en injures, ou du moins en paroles violentes envers ses adversaires.

On devrait donc attendre la plus grande mesure de

la part de l'avocat auquel l'affaire qu'il plaide est parfaitement indifférente ; — qui défendra demain ce qu'il attaque aujourd'hui ; qui plaide pour A contre B, par hasard, parce que A s'est adressé à lui ; — qui aurait plaidé pour B contre A, par un autre hasard, si B était arrivé le premier à son cabinet. — Il n'y a pas de passion, donc, pas d'excuse.

C'est surtout lorsqu'il s'agit d'un homme d'un grand nom ou d'un grand talent que cette espèce d'avocat s'en donne à cœur-joie. Pendant deux heures, il se croit supérieur, il parle d'en haut, d'un ton dédaigneux, ironique ; il se venge de son infériorité.

Quelquefois, il est vrai, il faut payer ce triomphe passager ; quelques corrections ont été infligées, — mais les exemples en sont peu fréquents. — D'ailleurs l'insolence abrite parfois la couardise sous la jupe empruntée à la faiblesse.

Les membres honorables du barreau, qui voient avec peine les progrès de cet abus, devraient y mettre un terme. La chose est d'autant plus urgente qu'il arriverait au palais ce qui arrive quand on cause avec un homme qui crie : il finit par vous imposer son diapason et vous donner le *la*. — Les plus réservés, les plus honorables d'entre les avocats se laisseraient entraîner, et s'ils n'allaient pas au bout, feraient du moins quelques pas sur la route. Le diapason du palais est trop élevé.

L'homme qui a bon droit, l'homme qui met ce bon droit sous la protection de la justice, doit être à l'abri de l'injure et de l'insulte. — Beaucoup d'honnêtes gens reculent devant un procès, quelle que soit la justice de leur cause : ils ne se sentent pas assez protégés contre l'insolence de certains avocats ; — c'est les obliger de faire eux-mêmes un affront à la justice.

Ce qui m'encourage à revenir sur ce sujet, c'est que je viens d'obtenir un demi-succès dans une autre cause que je plaide depuis longtemps. — Il m'a fallu toute ma vie pour abattre quatre ou cinq abus, — et Dieu sait que de haines j'ai soulevées contre moi : les abus, dit Voltaire, étant le patrimoine de beaucoup de gens.

Un grand nombre de savants sont de l'espèce des mollusques, ils restent volontiers accoudés sur une table, comme une huître sur son banc, — ne considérant la promenade et les exercices de tout genre que comme un dérangement, une distraction inutile, une sorte de débauche et de libertinage.

Ils ne pensent pas que les écoliers ne sont pas tous destinés à être des savants; il est nécessaire que le plus grand nombre deviennent des hommes. — Ceux-ci ont besoin de grand air et d'exercice.

C'est déjà beaucoup pour des enfants de passer tous les jours au moins une dizaine d'heures assis sur des bancs, entassés dans des classes souvent trop petites, toujours trop peu aérées; — à cet âge tout est développement et croissance; — à cet âge on prépare la santé et les maladies de toute la vie. Eh bien ! non contents de ces heures renfermées et sédentaires, certains professeurs pour les plus légères fautes infligent des *pensums ;* l'écolier qui a des *pensums* doit consacrer le temps des récréations, c'est-à-dire un temps qui doit compenser les inconvénients et les dangers d'une vie trop sédentaire, par des jeux violents; il doit, dis-je, consacrer ce temps, assis dans une classe, à copier le récit de Théramène, ou la Cigale et la Fourmi ; — il n'est pas sans exemple qu'un enfant, s'il est un peu turbulent, c'est-à-dire s'il a plus besoin d'exercice que les autres, passe plusieurs semaines enfermé, sans courir, sans sauter, sans respirer l'air libre.

C'est comme cela que l'on fait des hommes malingres, chétifs, méchants et lâches.

J'ai fait souvent la proposition que voici, quand j'étais professeur suppléant au lycée de la rue Caumartin... « Ne pourrait-on pas, au lieu de ces punitions ridicules qui consistent à faire copier aux enfants une centaine de vers pendant huit ans, ne pourrait-on pas imaginer des punitions qui ne leur enlèveraient pas un exercice indispensable à leur santé. — Les priver de récréation, c'est-à-dire de jeux actifs, violents, bruyants même, — c'est aussi absurde que si on leur enlevait par punition une partie de leur nourriture.

On a imaginé le pain sec pour punition, il est vrai, mais on n'a pas inventé la diète. Il faudrait supprimer les pensums *voraces*, comme les appelle Hugo dans ces charmants vers : « Ce qui se passait aux Feuillantines. » — Il faudrait remplacer les pensums par une occupation *non amusante*, mais qui exercerait les forces au grand air. Bêcher la terre, tirer de l'eau à un puits, porter du sable sur une brouette, etc. Ces *corvées* remplaçant le pensum, tout en privant l'écolier paresseux et insubordonné des jeux qui l'amusent, ne le priveraient pas de l'air et de l'exercice qui sont indispensables à sa santé et au perfectionnement de son être physique. »

Voilà ce que je disais, ce que je répétais, et comme

on n'avait rien de raisonnable à répondre, on ne répondait pas.

C'est avec surprise et plaisir que je viens de lire dans un règlement sur le régime disciplinaire des lycées, la phrase que voici ; c'est encore bien loin de ce que je demande, mais c'est un pas vers le but :

« Les seules punitions autorisées dans les lycées sont : 1° la mauvaise note, 2° la *retenue*, avec tâche extraordinaire, *pendant une partie de la récréation*, etc. »

Je le répète, c'est bien loin de mon but. Mais enfin on met des limites à la *voracité* du pensum, on ne lui abandonne plus qu'une partie des récréations qu'il dévorait tout entières, qu'une partie de la santé des enfants qu'il grignotait. Une loi d'*habeas corpus* est acquise aux lycéens. Je le répète, c'est un premier pas.

O lycéens ! vous qui ferez la postérité, ne l'oubliez pas, — c'est moi qui, le premier, ai osé attaquer cet ogre redouté, le Pensum ; c'est à moi que vous devrez prochainement sa destruction ; — vous apprendrez à vos enfants que si Hercule a détruit l'hydre de Lerne, si Ulysse a tué Polyphème, et Thésée le Minotaure, si Méléagre a abattu le sanglier de Calydon,

Alphonse Karr a vaincu le Pensum, *hæc otia fecit*.

Ce n'est qu'un pas, mais c'est un grand pas que de reconnaître la nécessité de ne pas enfermer les enfants pendant des récréations entières. Le pensum reculé, il est vaincu, il est perdu.

VI

DE LA CRITIQUE. — DU STYLE.
DE LA FORME. — LES JEUNES. — LES POÈTES.
LA GUERRE S'EN VA.

Lorsque, il y a une douzaine d'années, Balzac publia les trois numéros de sa *Petite Revue parisienne*, je fus frappé, comme un petit nombre d'autres lecteurs, des articles de critique qu'il y consacra à M. de Sainte-Beuve et à Beyle. — J'espérais qu'on allait comprendre que la critique doit être faite par des hommes dans la maturité de l'âge et du talent; que c'est à ceux qui reviennent d'un pays inconnu, et non à ceux qui y vont, qu'il appartient d'en écrire la géographie; — que l'intention d'aller en Amérique n'autorise pas suffisamment les gens à décrire la topographie et les mœurs du Nouveau-Monde;—que l'on ne permet pas d'ordinaire aux recrues de se nommer elles-mêmes aux grades et au commandement; — que jamais on n'a songé à faire aux jeunes avocats en herbe passer leur stage sur le fauteuil des juges; — que ce n'est pas parmi des carabins que l'on choisit les professeurs de médecine, etc., etc., etc. Encore quelques années, et j'aurai usé ma vie à défendre un certain nombre de vérités qui toutes, comme celle-ci, pourraient se chanter sur l'air de M. de la Palisse et doubleraient le nombre des couplets de cette chanson déjà longue. — Je mourrai martyr de quelques axiomes comme : deux et deux font quatre, — la partie est moins grande que le tout, — le contenant plus grand que le contenu, — la ligne droite est le plus court chemin d'un point à un autre, etc., ayant été réputé toute ma vie un faiseur de paradoxes, un prôneur d'opinions extraordinaires et d'idées peu applicables.

J'ai réussi à faire accepter cinq ou six tout au plus de ces vérités amenées et réduites aux formules du susdit la Palisse.

Il en est un bien plus grand nombre fort contestées encore aujourd'hui, telles que :

« La propriété littéraire est une propriété. »

« L'épicier qui vole le consommateur commet précisément le même crime que le consommateur qui vole l'épicier. »

« Le marchand de vin qui empoisonne le buveur commet le même crime que le buveur qui empoisonne le marchand de vin. »

« Un marinier qui tombe à l'eau a plus de chances de se sauver s'il sait nager que s'il ne le sait pas. »

« Il est plus honnête de tenir ses promesses que de les violer. »

« Il serait préférable de ne pas être mordu par les chiens enragés. »

« Il ne serait pas mauvais de nommer des écrivains à l'Académie. »

Et une foule d'autres qui sont encore regardées comme trop précoces, point mûres, trop vertes et agaçant les dents qui voudraient y mordre.

Aucune de ces vérités qui ont fait dire de moi à de bonnes âmes : « Le drôle de corps ! » n'est plus naturellement démontrée que celle dont je parlais au commencement de ce chapitre. Voilà deux fois que j'efface, en en parlant, des petits vers de sept et de cinq syllabes qui se font tout seuls et malgré moi sous ma plume, tant cette vérité rentre dans celles qui se sont depuis si longtemps chantées sur ce fameux air de *la Palisse* ou *le Galisse* :

Un quart d'heure avant sa mort,
Il était encore en vie.

Ou

Le malade au médecin
Prescrit les pilules,
Au professeur le gamin
Donne des férules.
Aux hommes de l'avenir,
Des littérateurs béjaunes
Infligent de rudes prônes,
Et ne pouvant pas cueillir
Leurs verdoyantes couronnes,
Ils tâchent de les salir.
Fier, au milieu de la rue,
L'âne enfonce l'éperon
Dans les flancs de son patron,
Qui se cabre et rue.
Quand trois poules vont au champ,
La dernière va devant.
Les bœufs mènent la charrue.
Monsieur Planche insulte et hue
Hugo dans une revue.
Moi j'en ris, — et j'ai grand tort :
Pour avoir fait le contraire
De tout ce que je vois faire,
Un très grand homme de guerre,
Monsieur d'la Palisse est mort.

Sauf de très-honorables exceptions, la critique littéraire dans les journaux est le début des aspirants, des néophytes, ou de ceux qu'on y relègue comme dans une sorte de Sibérie; —c'est quelque chose dans un journal comme les mansardes de la maison où se logent les étudiants et les pauvres gens. Outre cette première inconvenance de voir la critique faite par des débutants, quand elle devrait l'être par des vétérans, il s'en joint une seconde : c'est le ton de supériorité dédaigneux ou haineux que prennent la plupart de ces critiques qui n'ont rien produit, et dont la plupart ne produiront jamais rien. Ils parlent d'en haut aux plus éminents talents de ce temps. Du haut de quoi? On n'a jamais pu le savoir. J'en suis fâché pour eux; mais un peu trop de penchant à l'enthousiasme pronostique plus de talent chez un jeune homme que la propension au dénigrement.

Je parle de ceux qui sont vraiment jeunes.

Mais il en est d'autres qui, s'intitulant eux-mêmes depuis quinze ans « la jeunesse » et « la jeune école, » me rappellent cette mendiante qui, à l'âge de soixante ans, disait encore par les rues, comme elle avait dit au commencement de sa vie : « Ayez pitié d'une pauvre petite orpheline! » Certes, parmi les jeunes littérateurs qui ont apparu depuis quinze ans et plus, il en est un certain nombre dont nous avons, avant le public, salué et accueilli les débuts d'abord et les succès ensuite.

Mais je parle de ceux qui, arrivés aujourd'hui à l'âge de trente à quarante ans, n'ont encore produit que des invectives contre les hommes de génie et de talent qui les ont précédés dans la carrière, si l'on peut dire que l'on précède des gens qui ne vous suivent pas. Je parle de ceux qui se croient et se disent opiniâtrement la jeune école, quoique la plupart soient de l'âge de ceux qu'ils déclarent vieux et usés, quoique quelques-uns les aient même précédés dans la vie. Il ne suffit pas d'être resté petit, de n'avoir *pas encore* de talent et de n'avoir rien produit, pour se croire et se dire exclusivement jeune, quelque âge que l'on ait. La jeunesse ne peut pas, comme la noblesse héréditaire, s'accroître par les années. On ne devient pas sculpteur en cassant ou du moins en insultant des statues.

Ces littérateurs platoniques qui se croient « les jeunes » parce qu'ils n'ont pas mûri et sont restés aigres, ont imaginé deux choses cependant, deux machines de guerre avec lesquelles ils battent en brèche ceux qu'il leur plaît de citer devant le tribunal.

C'est le style dans la prose et la forme dans les vers.

Ils appellent le style une phraséologie affectée, maniérée, monotone, l'emploi invariable de certains mots, de certaines phrases, de certaines locutions prétentieuses, qu'ils s'empruntent tous les uns aux autres, et dépensent en pique-nique.

Et ils déclarent n'avoir pas de style ceux qui refusent d'adopter ce patois.

Ce que les uns appellent *la forme*, quelques autres plus naïfs l'appellent *le moule*. C'est également un certain nombre de poncifs, de moulages et de surmoulages grossis et défectueux à mesure qu'on les multiplie, rappelant la poésie comme rappelle la sculpture la boutique que certains mouleurs piémontais portent sur leur tête dans les rues de Paris.

Ils habillent laborieusement des idées absentes ; — ils prétendent que la robe est tout, et que le corps n'est qu'un embarras qui rend les plis plus difficiles à ajuster ; — ils renouvellent une partie des puérilités qui signalèrent l'enfance de la poésie française.

Ils renouvellent, ou plutôt ils exhument les sonnets, les rondeaux, les virelais ; — ils se vantent de difficultés vaincues, lorsqu'ils sont venus plus ou moins à bout de faire passer des grains de millet dans le trou d'une aiguille.

Ce serait un pauvre mérite que de se créer exprès des entraves et des difficultés pour les vaincre. Mais qu'est-ce donc quand on ne les vainc pas? Ce n'est pas vaincre les difficultés de la rime, inutilement riche et redondante, ou de certains rhythmes sans **harmonie**, que de leur sacrifier le sens commun, la pensée et la propriété des termes.

Sauf un, peut-être deux, — allons donc! c'est une lâcheté de dire deux; — sauf un, et encore dans ses bons jours, entre ces dévots à la forme, qui oserait dire qu'il ne commence pas par choisir, assembler et disposer ses rimes avant d'avoir trouvé l'idée et même le sujet, que le plus souvent il ne trouverait pas? Et avec cela on fait d'insipides kyrielles de consonnances et d'assonances, de la poésie de bouts-rimés, de la poésie de diablottins et de mirlitons.

Quand les vrais poëtes présentent de belles pensées bien habillées, — eux, qui s'intitulent les poëtes, n'offrent aux yeux que des habits vides, et quels habits! de fausses dentelles, du faux galon, des oripeaux soigneusement cousus, de prétendus vers qui ne renferment pas une idée, qui n'expriment pas un sentiment, mais qui riment par quatre lettres. Et pourquoi se contenter du sonnet, du rondeau, etc.? Vous avez peur des vraies difficultés qu'attaquaient vos prédécesseurs. Allons donc, voyons, du courage : pourquoi ne renouvelez-vous pas la rime emperière,

Prenez en gré mes imparfaits faits faits;

et la rime couronnée :

> Ma blanche colombelle, belle,

et la fraternisée :

> Mets voile au vent, cingle vers nous, Caron,
> Car on t'attend.

et la rime batelée, et la kyrielle, et la senée, et l'annexée, et l'enchaînée, et la brisée?

Et ces poésies ingénieuses dont les vers inégaux présentaient aux yeux ravis un autel, un cœur, une hache, les deux ailes de l'amour, etc. ! Je trouve que vous dédaignez beaucoup l'acrostiche.

J'étendrai la main un de ces jours, et j'apporterai ici un de ces prétendus poëtes, un de ces prétendus jeunes gens; je le dépécerai convenablement, et j'en ferai de très-minces aiguillettes que je servirai aux lecteurs de bon sens.

Un fait ressort évidemment des événements actuels : c'est que la guerre a fait son temps, c'est que la philosophie l'a tuée, c'est qu'elle est forcée de se montrer équitable, juste, humaine, c'est qu'elle explique pourquoi elle tue, pourquoi elle brûle, pourquoi elle détruit, c'est qu'elle n'ose plus être la guerre, c'est qu'elle ne pourra paraître sous prétexte de cueillir des lauriers, c'est qu'un homme ne pourra plus faire d'un pays un vaste échiquier, et des hommes des pions qu'il joue et sacrifie pour la gloire de gagner des parties, c'est qu'il ne pourra plus se faire de guerre qu'au nom de la liberté, au nom de la justice, au nom de l'humanité. Nous verrons un temps où il sera absurde de dire ce que je disais il y a beaucoup d'années :

> ... Mais tuez les marians, brûlez leurs chaumières,
> Décimez sans remords des nations entières,
> Sur votre piédestal tout formé de ses os
> Le peuple applaudira, — pour quelques tabatières.
> Les rimeurs vous mettront au nombre des héros.

La guerre se meurt, la guerre est morte.

La lutte est établie entre la justice et certains marchands de café. La justice veut que les Français boivent de vrai café, ou du moins quelque chose d'approchant; les marchands veulent le vendre, mais ne veulent pas en donner.

Dans une des dernières rencontres entre la justice et certains marchands de café, rencontre où la justice a remporté la victoire, mais n'en a peut-être pas assez abusé, on a pu voir dans quelle proportion lesdits marchands nous livrent, non pas du café, — de café, il n'en est pas question, si ce n'est sur les paquets, mais de la chicorée. Ainsi, leur moka semoule contient 15 0/0 de terre sablo-argileuse et d'ocre rouge ; leur moka en poudre contient les mêmes substances de 22 à 33 0/0.

On trouve dans leur *café des dames* jusqu'à 39 0/0 du même mélange, terre sablo-argileuse et ocre rouge.

Leur *crème de moka* l'emporte encore sur ses concurrents ; on y a trouvé un peu plus de 52 0/0 de terre et d'ocre.

Par la même occasion, la justice s'est occupée d'un marchand de poivre qui a fait une combinaison dans laquelle il entre 9 0/0 de poivre, et le reste se compose de sable siliceux et de fécule. (*Gazette des Tribunaux* du 30 juin.) Dans cette lutte engagée en notre faveur entre la justice et la fraude, je fais des vœux pour la justice, mais je parierais peut-être pour la fraude, qui survivra aux condamnations jusqu'à ce qu'on ait pris le parti de traiter les marchands qui volent comme les autres voleurs.

VII

D'UNE PAIX QUI A TUÉ LA GUERRE.
UN EXEMPLE DE RADOTAGE.

La France vient de traverser une des plus longues paix, à coup sûr, qui se trouvent dans l'histoire d'un peuple dont un ancien a dit : — Pas de guerre sans un soldat gaulois, *nullum bellum sine milite gallo ;* — dont un autre ancien a dit : — Les Romains combattaient avec les autres peuples pour l'empire, avec les Gaulois pour la vie, *cum aliis pro dominatione, cum Gallis pro salute.* — Cette paix a duré près de quarante ans, car je ne compte pas comme une guerre l'entrée en Espagne en 1823, dont le cérémonial était convenu d'avance, — ni la prise de la citadelle d'Anvers, en 1832, qui n'a été qu'une courte campagne. Mais j'ai besoin de m'expliquer davantage pour prétendre et établir que la guerre d'Afrique n'a pas interrompu la paix dont a joui la France si longtemps.

La guerre d'Afrique a été une série de victoires dont quelques-unes ont été chèrement achetées ; de faits d'armes éclatants qui ont illustré Bugeaud, Lamoricière, Cavaignac, Bedeau, Changarnier, etc.,' et notre armée entière ; il était question de savoir si les Français prendraient ou ne prendraient pas Alger, Oran, Tlemcen, mais jamais si les Arabes assiégeraient Lyon, Strasbourg et Paris. Cette guerre n'entravait en rien ni les arts ni les loisirs de la paix. Nous y avons toujours été les plus forts, et il n'était pas possible qu'il en fût autrement. Elle ne donnait donc à la France aucune des inquiétudes, aucune des gênes de la guerre.

Eh bien ! l'histoire demandera à la France : Qu'as-tu fait d'une paix de quarante ans ?

La France répondra hardiment à cette question de l'histoire : Les sciences ont fait de grandes découvertes, — l'application de l'hélice aux bâtiments à vapeur ; la photographie et mille autres aussi importantes, peut-être, quoique ayant jeté moins d'éclat.

Elle a produit une littérature entière aussi nombreuse pour le moins que celle du siècle de Louis XIV, et qui sera jugée aussi grande, pour le moins, quand

MÉLANGES PHILOSOPHIQUES.

Lamartine, Victor Hugo, Alexandre Dumas, de Musset, George Sand, etc., etc., seront allés là où dort Balzac.

> Cette postérité pour qui l'on s'évertue,
> C'est ce gamin qui joue aux billes dans la rue,
> Dont les cris importuns m'empêchent de trouver
> Ces beaux vers qu'à lui seul je prétends réserver.
> — Jouez au cerf-volant, jouez à la toupie,
>   Vénérés galopins.
> Un jour, vous vengerez ma muse, qu'on oublie,
>   De mes contemporains,
> Car je n'écrirai plus lorsque vous saurez lire ;
> Vous pourrez sans danger, moi mort, louer ma lyre,
> Et vous vous servirez de mes défunts talents
> Pour vexer, à leur tour, les poëtes vivants.

Aussitôt que les tambours et le canon endormis ont permis de s'entendre, la philosophie, le bon sens, les idées, se sont emparés des esprits, de telle sorte qu'aujourd'hui la guerre est obligée, pour se faire accepter, de changer son esprit et ses allures.

Autrefois, la guerre était une affaire de fantaisie ; Louis XIV la faisait parce que Louvois, impatient de ce que le roi critiquait ses bâtiments, voulait le distraire et l'occuper à autre chose.

On faisait la guerre pour *cueillir des lauriers;* on faisait la guerre pour *asservir à ses lois* des peuples auxquels on commençait par donner l'exemple du parjure, de l'avidité, et surtout du mépris des lois.

La guerre n'est plus la farouche Bellone, les cheveux épars, les yeux allumés, faisant retentir dans l'air un fouet ensanglanté.

La guerre est calme, froide, posée; elle doit établir qu'elle est juste, qu'elle est forcée.

La guerre n'est plus un jeu, une partie de boules entre des princes, partie ridiculement sanglante, où les boules sont des boulets et les quilles des hommes.

La guerre est déjà si changée que beaucoup de vieux soldats ne la reconnaîtraient pas.

Une autre guerre se prépare, et cette guerre, quoiqu'elle soit pour nous des plus intéressantes, quoique ce soit presque notre existence qui soit en question, c'est-à-dire quoique le pain soit l'enjeu, nous ne pouvons y prendre part que par nos vœux. — Notre situation est celle de Rébecca lorsque Boisguilbert et Ivanhoé prennent du champ et mettent leur lance en arrêt pour un combat qui décidera de sa vie ou de sa mort.

Voici de quoi il s'agit. — Vous savez que, depuis quelques années, quelques insectes et quelques plantes

dites parasites se sont emparés de certains végétaux.
— On a appelé maladies les habitants naturels des végétaux qu'il nous plaît de nous approprier ; entre autres, le blé a une maladie ; mais voici que la maladie du blé a une maladie elle-même ; peut-être que la maladie du blé va mourir. Faisons des vœux pour la victoire de la maladie du blé.

On racontait, il y a quelques jours dans un journal, qu'au dernier steeple-chase, de jeunes hommes se sont montrés préservant leur teint délicat du hâle et de la poussière au moyen de voiles verts, bleus ou bruns, à l'imitation des vieilles Anglaises.

Je n'ose guère d'habitude critiquer la jeunesse, par la crainte de tomber dans un radotage précoce, et de me laisser entraîner par un sentiment d'envie mal dissimulé à blâmer ce qui m'échappe :

> L'homme, à l'âge envieux où naît l'austérité,
> Se fait une sagesse avec l'infirmité.

Cependant, ce que nous reprochaient nos oncles, c'étaient l'étourderie, l'imprudence, l'emportement, la fougue, en un mot c'était notre jeunesse dont les vieux se consolaient à nous faire un crime. Tandis qu'aujourd'hui ce qu'on pourrait reprocher à beaucoup de jeunes gens, c'est de manquer de jeunesse.

Pour ma part, j'étais né avec le teint assez blanc, et l'on m'en faisait honte, et j'en étais humilié, et je ne négligeais rien pour y mettre bon ordre ; rappelant les exemples des vieux Gaulois, nous nous sommes plus d'une fois baignés dans la Seine au milieu de l'hiver.—Dieu sait et nos vieilles mères aussi avec quel puéril stoïcisme nous nous plaisions à éluder les conseils de l'hygiène, les précautions les plus vulgaires, avec quelle insouciance étudiée nous marchions d'un pas plus lent lorsque nous étions surpris par la pluie, et avec quel accent de mépris nous disions d'un homme : C'est « un monsieur à parapluie. » Tu te rappelles comme moi nos courses à pied et à cheval, nos prouesses de natation et nos fatigues niées opiniâtrément, qui ne se trahissaient que par ces formidables appétits et par ces sommeils profonds qui leur succédaient. Comme nous étions fiers d'avoir les mains calleuses! quelles terribles cannes nous portions à l'époque où nous errions le soir dans les quartiers mal famés, à la suite d'un projet que notre air déterminé et fanfaron a dû déjouer, celui d'arrêter et de dépouiller des voleurs dont on faisait grand bruit, et par lesquels nous espérions nous faire attaquer !

C'est un peu embarrassant d'être jeune après quarante ans, lorsque la jeunesse n'est pas à la mode, lorsque la jeunesse nous dénonce et nous classe comme vieux et est signalée comme étaient signalées de notre temps les culottes courtes, la poudre et les ailes de pigeon. Ils sont jeunes, dirait-on, il faut qu'ils soient bien vieux.

Le plus ancien exemple de radotage que je connaisse est dans Lucien. — Je cite de mémoire et ne me rappelle que le sens.

On dit que je suis sourd ! s'écrie un vieillard. Bon Dieu ! quelle calomnie ! — Si je n'entends pas bien, c'est que les hommes étant de ce temps-ci fourbes et artificieux, ont intérêt à ce que les honnêtes ne les entendent pas, et ont pris l'habitude de parler bas à cette intention. — De mon temps, lorsque les hommes valaient encore quelque chose, ils ne craignaient rien et parlaient intelligiblement.

Mais tout dégénère : j'ai vu que la terre produisait autrefois des fruits exquis que l'on digérait facilement, des vins généreux qui inspiraient une douce gaieté et n'incommodaient point. — On ne peut manger deux des fruits d'aujourd'hui ni boire deux verres de vin sans être malade. — Et comme le climat est changé, on n'entend parler que de toux, de catarrhes, que de gouttes et autres infirmités.

Autrefois les moutons avaient de la laine fine et élastique avec laquelle on faisait d'excellents matelas. Avec ces matelas, les domestiques vous faisaient alors de bons lits, dans lesquels on dormait huit heures sans se réveiller. Aujourd'hui la laine des moutons ne vaut rien, et les domestiques sont méchants et paresseux ; les lits sont durs, on s'y retourne toute la nuit sans dormir ; la cuisine n'excite plus l'appétit, et le moindre excès incommode.

On vend de ce temps-ci des souliers bien faits en apparence, mais les pieds y sont à l'étroit, et y gagnent des cors et des durillons ; on ne peut faire de grandes courses avec comme avec les souliers d'autrefois.

Et les miroirs donc! comme ils sont changés ! On ne sait plus faire aujourd'hui un miroir qui ait le sens commun. Dans ma jeunesse on les faisait très-bien ; c'était plaisir de s'y regarder, on s'y voyait le visage plein et vermeil, les yeux vifs, les dents blanches ; — mais aujourd'hui on y est affreux.

Qu'est-ce que la politesse ? Une convention tacite

entre deux hommes par laquelle chacun dissimule sa vanité au bénéfice de celle de l'autre.

Qu'est-ce que l'honnêteté? Un soin de ne rien faire de criminel dont on puisse vous donner des preuves. Modifions par bienséance le premier membre de phrase : Qu'est-ce que l'honnêteté « pour beaucoup de gens? »

Il y a un personnage de Dryden appelé, autant que je me rappelle, Almanzor, qui peut servir de type de personnages que jouent certains hommes en politique; ils sont si régulièrement du côté victorieux, qu'on serait porté à les croire invincibles et décidant de la victoire par leur intervention, si on ne remarquait qu'ils n'arrivent sur le terrain qu'après la bataille.

Je crois qu'une personne qui a du cœur et de la dignité ne s'abandonnerait jamais un seul instant à l'amour si elle ne croyait que c'est au moins pour toute la vie. Cependant les serments qu'échangent deux amants sont aussi raisonnables que le seraient ceux qu'échangeraient un gigot et l'homme affamé qui l'entame. — Promettez-moi, dirait le gigot, d'avoir toujours le même appétit et de me manger tout entier. — Jurez-moi, répondrait le dîneur, que vous n'aurez ni os ni tendons, et que vous me paraîtrez toujours aussi bon.

Les hommes sont tellement sûrs de la malveillance les uns des autres que chacun sait par instinct qu'il agira prudemment en ne laissant pas voir les bonnes chances qu'il peut avoir. — Si l'on gagne au jeu, on cache ou on diminue son gain; si l'on a un succès, on le dissimule, on l'atténue, ou du moins on tâche de conjurer la haine en faisant semblant d'y être insensible et de n'en pas être heureux. — C'est ce que fait le voyageur qui traverse une route dangereuse : il cache son or dans sa ceinture, et s'il lui arrive par accident de le faire sonner, il se hâte de montrer une poignée de gros sous auxquels il tâche de faire attribuer ce bruit révélateur.

Il est permis de se moquer un peu de l'orgueil, mais ce serait un grand malheur de décourager les orgueilleux. Ce sont des gens qui se chargent volontairement de presque toutes les corvées sociales, et qui se contentent pour récompense de l'approbation de ceux au-dessus desquels ils se croient si prodigieusement élevés.

Les croix et les décorations sont un attrait pour la vanité ; mais il faut regarder tout le bénéfice réel et positif que tire la société de cette vanité, qui ne demande qu'une récompense métaphysique et platonique.

A propos de croix, on pense généralement que voici tous les degrés et tous les grades possibles : — Être chevalier, puis officier, puis commandeur, puis grand-croix, — puis enfin avoir beaucoup de croix de tous les pays et de toutes les couleurs. Après cela, on pense qu'il n'y a plus rien. Il y a encore de ne porter aucune de ces croix que l'on s'est donné tant de peines pour obtenir, qu'on a été si heureux de recevoir, il y a encore d'avoir l'air de les dédaigner. .

J'en suis fâché pour les moralistes, mais on ne triomphe que des passions qu'on n'a pas ou de celles qu'on n'a plus.

Ou encore nous pouvons vaincre les passions que nous avons, mais nous cédons à celles qui nous ont.

On reprochait à Béranger son silence opiniâtre ; il répondit : Il n'y a que les serins nés en cage qui chantent en toute saison.

Un homme dit de moi que je suis absurde, fou, ridicule ; il ajoute que je suis un voleur et un scélérat digne de tous les supplices. — Je comprends : cela veut dire que nous ne sommes pas du même avis ou sur un livre nouveau ou sur un acte du gouvernement.

VIII

A VOUS, GRÊLÉS, COUTURÉS ET FACES D'ÉCUMOIRE.

A vous, grêlés, couturés et faces d'écumoires, à vous gens méconnus et opprimés jusqu'ici, j'offre et je dédie les lignes qui vont suivre et qui proclament, pour un avenir prochain, votre réhabilitation et votre triomphe.

J'ai constaté, il y a quelque temps, la dégénérescence de l'homme ; j'ai montré les cuirasses de nos ancêtres, déposées dans les musées, comme les spécimens retrouvés des races antédiluviennes ; j'ai montré, plus près de nous l'obligation d'abaisser le niveau de la taille dans l'armée.

En regard de cette diminution de l'homme notre contemporain, de l'homme que nous sommes au physique et au moral, j'ai placé les embellissements et les progrès créés par l'homme autour de lui, et j'en ai tiré la conséquence que l'homme allait bientôt faire place à une autre espèce, à une espèce meilleure ; que les jours de son règne sont comptés ; qu'à l'amoindrissement va bientôt succéder l'anéantissement ; qu'il n'est en réalité pas digne d'habiter l'univers qu'il a occupé jusqu'ici ; qu'il n'en est que le tapissier, et qu'il doit disparaître pour faire place au vrai roi de la terre, dont il a seulement préparé le séjour.

C'est sans doute à l'énonciation de ces idées que je dois le gracieux envoi qui m'a été fait d'un ouvrage tout récemment publié par M. le docteur Verdé-Delisle, autant qu'à des souvenirs de collége que nous avons renouvelés et rafraîchis avec un plaisir que j'aime à croire mutuel, il y a quelques années.

Le docteur Verdé-Delisle partage mes opinions sur la dégénérescence de l'homme. Le mot partager n'est même pas juste.

Il a à ce sujet des opinions tout entières, et il en a même un peu plus que moi.

Il constate comme moi « la dégénérescence physique et morale de l'espèce humaine, » et il la voit un peu plus avancée que je ne l'ai vue. Il constate comme moi l'augmentation des exemptions de service militaire pour cause de défaut de taille et d'infirmité ; il ajoute un fait que je ne savais pas, c'est que « cette année la garde impériale a dû abaisser de trois centimètres la taille de ses soldats. » (Page 6.)

Il montre la génération présente « inerte, rachitique, frappée en naissant d'impuissance et de vieillesse. » (Page 4.)

Si le docteur Verdé-Delisle est, sur ce point, plus de mon avis que moi-même, il a en outre sur moi deux avantages que je me crois obligé de reconnaître.

Il sait et il dit les causes de cette dégénérescence, tandis que moi je ne fais que les soupçonner et les étudier.

Il en sait et il en dit le remède, et il montre du doigt l'homme régénéré, l'homme fort, l'homme puissant, l'homme qui remplira l'univers de son intelligence, comme de sa poitrine la cuirasse de François Ier. Cette cause de la dégénérescence physique et morale de l'espèce humaine, selon lui, c'est le vaccin.

Cet homme qui sera digne d'habiter le monde perfectionné et d'en être le maître, c'est par conséquent l'homme grêlé.

« Le nombre des cas d'aliénation mentale augmente chaque année, dit le docteur Verdé-Delisle. Je n'ai de statistique que depuis 1835, époque où la vaccine, qui date de 1798, a fait ses premières victimes, car c'est entre trente et quarante ans que la folie a coutume de se déclarer. »

Eh bien ! de 1835 à 1841 il y a une augmentation effroyable.

Il y a eu, en 1835, 14,486 aliénés.

En 1841, il y en a eu 19,738.

Que serait-ce si on possédait les statistiques des époques qui ont précédé 1835 et celles qui suivent cette époque !

Il en est de même du nombre des suicides; il n'était en 1827 que de 1,542.

Il a été en 1849 de 3,582, et il a encore augmenté depuis.

Je m'étonne que le docteur Verdé-Delisle n'attribue pas à la même cause, sinon l'augmentation des crimes, du moins la modification de leur tendance générale.

Ce ne peut être par timidité, car le docteur n'est pas timide; ce ne peut être non plus un oubli, car il y aurait là de trop bons arguments pour les négliger.

En effet, aux crimes antérieurs qui demandaient une coupable mais réelle énergie, ont succédé ceux qui n'exigent que de l'adresse, de la ruse, de la fourberie.

Il est fâcheux que l'on n'ait pas jusqu'ici constaté le nombre de vaccinés et de grêlés qui paraissent devant les cours d'assises. Une seule fois cette constatation a été faite, et elle a justifié la théorie du docteur Verdé-Delisle.

C'est lors de la célèbre affaire de Jean Hiroux.

Il se trouvait là un vacciné et un grêlé.

Eh bien! le grêlé était la victime et le vacciné était l'assassin.

Bien plus, on se rappelle que Jean Hiroux, auquel on demanda la cause de son forfait, répondit impudemment : « Pourquoi qu'il était grêlé ? »

Est-il possible de mieux démontrer la haine des natures basses et abjectes contre toutes les supériorités ?

Écoutez donc la voix du docteur Verdé-Delisle, il en est temps encore, mais il en est tout juste temps ; les vaccinés sont trop amoindris pour sauver l'humanité, le nombre des grêlés diminue chaque jour; encore un peu et il n'y en aura plus, et alors il ne se trouvera plus d'esprit assez énergique pour remettre les choses en leur place, pour renverser le préjugé de la vaccine, et pour conjurer l'amoindrissement, la dégénérescence, et enfin et bientôt la disparition de l'espèce humaine.

O vous ! médecins, tenez la lancette suspendue, attendez que cette question soit résolue : ne vaccinez pas jusqu'à nouvel ordre.

Et vous, restes d'une génération qui va disparaître,

mais qui, du moins, elle, disparaîtra dans toute sa force ;

Vous, les grêlés, — rassemblez-vous, faites-vous connaître, — dites-nous quels sont les hommes grêlés dans les hautes régions du pouvoir, dans la diplomatie, dans les académies, dans les sciences, dans les arts ; comptez-vous et réunissez vos efforts pour sauver le genre humain ;

Ou plutôt pour faire une nouvelle création d'hommes que, comme le premier Créateur, vous ferez à votre image : *Finxit in effigiem suam.*

PARENTHÈSE.

Je sais très-bien la puissance de la plaisanterie, c'est une arme que j'ai choisie avec préméditation ; rien ne m'empêchait de prendre tout d'abord, comme bien d'autres, le fusil anonyme qui tue de loin, la massue, la hache, la pertuisane, etc., mais, comme je l'ai dit autrefois, j'ai divisé le glaive en des milliers d'épingles ; c'est pourquoi je ne plaisante pas au hasard : je plaisante un peu de ce qui est ridicule, et beaucoup de ce qui est méchant.

Il y a dans l'ouvrage du docteur Verdé-Delisle une question sérieuse, grave, importante, bravement et résolument soulevée, qui mérite d'être résolue et qui doit l'être.

Quelques esprits distingués s'en préoccupent.

Le vaccin détruit-il le virus variolique ou l'empêche-t-il seulement de se manifester sous la forme de la petite vérole ?

Dans ce second cas, ce virus est-il simplement répercuté, et faut-il lui attribuer les cas infiniment plus nombreux qu'autrefois de fièvres typhoïdes et de phthisie pulmonaire ?

Cette répercussion serait-elle pour quelque chose dans la dégénérescence incontestable de l'espèce ? La variole est-elle une maladie, un fléau ? est-elle un levain que la nature jette au dehors ? Ces diverses questions ont été posées déjà et en partie résolues dans le même sens que le docteur Verdé-Delisle, par les adversaires de la vaccine, il y a cinquante et quelques années.

Une expérience de cinquante-sept ans doit être concluante. Je crains seulement qu'on n'ait eu le tort de ne pas constater successivement et contradictoirement les résultats. De façon qu'aujourd'hui on les trouvera en masse et pas en détail ; qu'on obtiendra certains totaux, et qu'on n'aura pas les chiffres pour refaire les additions.

Ou le docteur Verdé-Delisle et ceux qui partagent son opinion se trompent, et il faut réfuter complétement, invinciblement, leurs arguments ; car, si la vaccine est réellement un bienfait, il ne faut pas laisser subsister le moindre doute sur les résultats.

Ou le docteur Verdé-Delisle a raison, et il faut hâter les expériences et les études, si elles ne paraissent pas suffisantes, et en revenir à l'inoculation.

Pour mon compte, je n'émets pas d'opinion, pour deux raisons : la première, c'est que mon opinion n'aurait aucune valeur, même à mes propres yeux ; la seconde, c'est que je n'en ai pas.

C'est ce qui arrive parfois à ceux qui se font eux-mêmes leurs opinions et ne les achètent pas toutes faites.

Cela dit, je reviens à mon examen de l'ouvrage en question, mes plaisanteries ne portant, comme il est bien entendu, que sur ce qu'il y a, selon moi, de trop absolu dans les théories et dans les déductions de l'auteur.

Et je ferme cette parenthèse.

La vaccine ne serait-elle pas, si l'on adopte l'opinion du docteur Verdé-Delisle... Mais cherchons dans le volume quelques lignes qui résument ladite opinion :

« L'espèce humaine dégénère : aux puissantes races des siècles passés a succédé une génération petite, maigre, chétive, chauve, myope, dont le caractère est triste, l'imagination sèche, l'esprit pauvre.

» La génération actuelle est en proie à des maladies nouvelles, et nombre d'anciennes sont devenues plus fréquentes et plus meurtrières.

» La cause unique de ce désastre, *c'est le vaccin.* »

Voilà l'opinion connue du docteur Verdé-Delisle, et le docteur est un homme convaincu contre la vaccine, plus convaincu que Jenner n'a jamais été convaincu de la vaccine. Le docteur Verdé-Delisle n'a pas vacciné de très-beaux enfants que je lui connais et qu'il aime très-tendrement. Bien plus, il a « procuré la petite vérole » à ceux chez qui elle se faisait attendre.

Jenner avait vacciné son premier fils ; mais, l'année même qu'il publia son livre, — *l'Apologie du vaccin*, 1789, — il eut un second fils qu'il ne vaccina pas et auquel il inocula la petite vérole.

La vaccine ne serait-elle pas autre chose qu'une des formes de la guerre implacable que font, depuis le commencement du monde, la médiocrité au génie, les petits aux grands, les faibles aux forts, si l'on adopte l'opinion du docteur ?

Quand je parle de grands et de forts, de petits et de faibles, je n'entends pas parler des inventions, combinaisons et inventions sociales, mais bien de ceux que la nature a créés tels.

De même que les femmes mal faites ont inventé le corset, au moyen duquel elles reforment leurs torses et déforment celui des belles femmes ; de même que les femmes qui ont de gros pieds ont imaginé les robes trop longues pour cacher à la fois leurs gros pieds et les pieds étroits des autres ;

De même, selon M. Verdé-Delisle, les laids, les grêles, les petits, les rachitiques, les fourbus, les chauves, les myopes, les imbéciles, les sots, les envieux ont dit :

« Vaccinons-nous tous ! — cela ne nous fera ni bien ni mal, à nous autres : la chose est faite ; — mais cela rendra laids, grêles, petits, rachitiques, fourbus, chauves, myopes, imbéciles, sots, et peut-être même envieux,

» Les beaux, les musculeux, les grands, les forts, les robustes, les chevelus, les clairvoyants, les hommes de génie, les hommes d'esprit, les hommes de talent ;

» Et alors ils ne vaudront pas mieux que nous.

» Défions-nous des grêlés ; Louis XIV, le grand roi, était grêlé ; la charmante Lavallière était grêlée (c'est

Bussy-Rabutin qui le dit) ; Mirabeau était grêlé ; voyez aussi comme il parla en homme mal élevé à ce pauvre M. de Dreux-Brézé.

» Ayons des rois vaccinés, des beautés vaccinées, des députés vaccinés.

» Mettons hors des écoles, hors des places, hors de l'armée, hors de tout, et surtout hors de la loi, tous ceux qui auraient la prétention de ne pas être vaccinés. Soyez sûrs que ce sont des ambitieux qui aspirent à être grêlés ; et, une fois grêlés, ils sont capables de tout, tandis que, vaccinés, ils seront comme nous, ils ne seront plus capables de rien. »

Ainsi dirent les petits, les rachitiques, les laids, les myopes et les sots.

Et comme ils étaient en grand nombre,—je ne veux pas dire en quelle proportion, — ils exécutèrent ce qu'ils avaient décidé.

« Et alors, dit le docteur Verdé-Delisle, est arrivée la dégénérescence physique et morale.

» La période de 1830 nous a montré quelques exceptions remarquables dans la science et dans la littérature ; mais ce n'était que le premier quartier de la vaccine. Les premiers vaccinés arrivaient à l'âge de faire leurs preuves. Mais nous voici dans le deuxième quartier, c'est-à-dire, voici la génération des vaccinés, fils de vaccinés et de vaccinées, et alors il n'y a plus d'exception à la dégénérescence. »

Ainsi parle M. le docteur Verdé-Delisle, et il ajoute beaucoup de faits et de raisonnements, dont plusieurs sont « pertinents, » comme on dit au palais, et dont quelques autres ne le sont pas, mais qui, en résumé (par les raisons que j'ai ci-dessus déduites et par beaucoup d'autres qu'il ne serait amusant ni pour vous ni pour moi que je déduisisse, surtout si cela devait amener de pareils mots), rendent obligatoire une discussion approfondie et définitive de la question.

La vaccine n'a pas trouvé les hommes en proie sans défense à la petite-vérole, elle les a trouvés protégés par l'inoculation. Or, l'inoculation n'encourt aucun des reproches faits au vaccin. La Condamine disait : « La petite-vérole nous décimait, l'inoculation nous millésime. »

La vaccine a-t-elle, en répercutant le virus variolique, causé les fièvres typhoïdes, les tubercules aux poumons, l'imbécillité, etc.?

Ou la petite-vérole a-t-elle été remplacée par ces maladies? Car voici où mon vieux camarade, le docteur Verdé-Delisle, me paraît se laisser entraîner.

Dans le très-peu de philosophie et le très-peu de logique qu'on nous faisait étudier au collége, on nous prévenait cependant quelque peu contre cet argument de rhéteur :

« *Post hoc, ergo propter hoc.* Ce qui précède est la cause ; ce qui suit est l'effet. »

Le cheval qui précède la charrette est bien la cause du mouvement de cette charrette, mais le cheval et la charrette ne sont pas la cause du mouvement des autres charrettes qui marchent sur la même route.

Depuis le vaccin, c'est-à-dire après le vaccin, on a vu s'accroître le nombre des fièvres typhoïdes, des phthisies pulmonaires, des cas d'aliénation mentale et d'imbécillité ; mais ce n'est pas une preuve suffisante que ces maladies aient pour cause le vaccin et la répercussion du virus variolique.

Quod erat et est adhuc demonstrandum.

Si l'on acceptait le raisonnement « *Post hoc, ergo propter hoc,* » on pourrait prendre autre chose et lui attribuer tous les torts du temps présent, avec autant de probabilité qu'au vaccin.

Prenez, par exemple, un fait datant de quelques années, et dites : « En 1839, M. Flourens a été nommé à l'Académie française avant Hugo et contre Hugo, à cause de son incontestable supériorité dans l'art de teindre les os des canards en rose. »

N. B. J'ai longtemps cherché ce qu'il y avait de littéraire dans l'art de teindre les canards en rose.

Feu Tissot, que je rencontrai un soir au Luxembourg, me le fit découvrir dans Virgile, — en me rappelant avec bienveillance que j'avais moi-même traduit en vers, étant en bas âge, le passage auquel le choix de l'Académie fait allusion :

> Mollis paulatim flavescet campus Aristei,
> Incultisque rubens pendebit sentibus uva,
> Et duræ quercus sudadunt roscida mella.
> . . . .
> Sponte suâ sandyx pascentes vestiet agnos.

> On verra, sans travail, les blés jaunir la terre,
> Aux ronces du chemin pendre un raisin pourpré,
> Et les chênes noueux suer un miel doré.
> . . . .
> Les moutons, épargnant à l'homme un dur travail,
> Se feront un plaisir de naître teints en roses,
> Et paîtront dans les champs, tout cuits et tout à l'ail.

Eh bien ! c'est vers 1839 que M. Flourens a été nommé à l'Académie française, avant Hugo et contre Hugo, à cause de son incontestable supériorité dans l'art de teindre en rose les os des canards.

Dites, si vous le voulez, que depuis ce temps-là le pain est devenu très-cher, que la vigne et la pomme de terre sont tombées malades, etc., et ainsi de cent autres calamités.

Vous direz la vérité.

Mais dites que tout cela nous est arrivé par la faute de M. Flourens, quoiqu'il soit bien supérieur à Victor Hugo dans l'art de teindre en rose les os des canards, vous aurez porté un jugement quelque peu téméraire.

Je crains que ce ne soit, sous certains rapports, le cas du docteur Verdé-Delisle.

Peut-être ne s'est-il pas préoccupé d'idées d'un autre ordre.

Tous les hommes qui naissent ne sont pas destinés à vivre. Une carpe pond près de 500,000 œufs tous les ans; mais il y a la part du brochet. Cette giroflée qui fleurit là-bas sur la crête du mur produit deux poignées de graines, mais beaucoup tomberont sur la pierre ou seront mangées par de petits oiseaux, ou seront emportées par les vents dans des sables arides; quelques-unes seront creusées par des ichneumons qui pondront leur œuf dans cet œuf de la giroflée.

S'il venait un jour à ne plus y avoir de brochets, en dix ans les carpes seraient si multipliées qu'elles rempliraient, qu'elles combleraient les rivières et les fleuves, que l'on passerait à pied sec. Si toutes les graines de giroflées tombaient en terre fertile, il n'y aurait plus de terre fertile que pour elles, et, en peu d'années, la terre ne produirait plus que des giroflées ; l'homme lui-même ne trouverait plus à se nourrir, et serait empesté par les cadavres des carpes.

Cet équilibre qui, dans les vues de la Providence, ne doit pas être rompu, en réalité ne l'est jamais.

Dieu jette de temps en temps un regard sur la grande machine appelée le monde. Toutes les folies et les passions humaines sont prévues par lui, toutes concourent, comme des rouages ou des forces, à l'accomplissement de ses desseins et au mouvement continu de la machine en question.

Mais, de même qu'un grand mécanicien, un habile horloger, de siècle en siècle peut-être, il met l'aiguille à l'avance ou au retard, selon que l'homme a parcouru plus ou moins vite les spirales qu'il lui est donné de décrire.

> Dans les projets de l'homme et ses folles visées,
> La Providence a dû se garder une part.
> — C'est ce que le vulgaire appelle le hasard.

L'homme s'agite beaucoup plus qu'il ne marche ; Dieu a placé très-haut ce qu'il ne veut pas que l'homme casse ou dérange. — Il ne lui est pas permis, par exemple, d'anéantir une seule goutte d'eau de l'océan ni d'en créer une.

Au commencement, l'homme, sans défense contre les animaux sauvages, était fort mangé par eux ; puis il a trouvé le fer et les armes et s'est protégé contre les bêtes. Alors les hommes se sont, sans aucun doute, quelque peu entre-mangés, comme on le voit encore chez quelques peuplades jeunes et naïves. Les progrès de la morale et ceux de la cuisine ont à peu près fait disparaître cet usage. La morale a dit que c'était criminel, et la cuisine que c'était mauvais. Mais, si les brochets manquent, les loutres et les martins-pêcheurs viennent manger leur part de carpes. Si moins d'oiseaux mangent les graines des giroflées, plus d'ichneumons les creusent pour y faire leur nid, — ou bien le vent en jette davantage sur un sol aride.

Quand l'homme a cessé de manger de l'homme, il lui est survenu quelque chose de plus destructif, l'amour des conquêtes, qui a remplacé, pour régler la production humaine, l'appétit de l'homme pour l'homme.

Puis il y a eu de longues trêves. Alors l'ivrognerie, quelque autre vice, — bête féroce,—est arrivée à son tour ; puis de grandes pestes ; puis autres choses. La découverte d'un nouveau monde parfois n'a servi dans le plan providentiel qu'à aller chercher au loin un fléau-brochet que l'on rapportait dans le vieux monde.

Mais, par compensation, quand la civilisation détruit l'anthropophagie chez un peuple sauvage, elle lui donne en place l'eau-de-vie et les armes à feu.

Résumons et finissons : le lièvre levé par le docteur Verdé-Delisle doit être chassé.

C'est un gros lièvre.

> Allons, savants, vite en campagne,
> Tonton, tontaine, tonton !

Pour peu que l'on admette un moment la théorie du docteur Verdé-Delisle, on est effrayé du peu d'hommes grêlés que l'on connaît.

Dans la littérature contemporaine, je ne vois guères que M. Saintine.

Ah ! parbleu, je me rappelle encore le brave et spirituel auteur de *Monsieur Jovial*.

Et puis...

Il se fait un grand trouble dans ma cervelle.

Parmi ceux que je ne connais pas, quels sont les grêlés ? quels sont les vaccinés ? Mais le trouble augmente et la confusion devient complète loin de mes amis et de mes connaissances, venant de lire le livre du docteur Verdé-Delisle, et me rappelant le génie, l'esprit et le talent de ceux que je regrette.

Je ne puis bien me représenter quels sont ceux qui ont échappé au fléau du vaccin.

Parmi les peintres et les sculpteurs, Dantan est grêlé, Giraud est grêlé ; mais Gavarni, qui a tant d'esprit et de philosophie, il me semble bien qu'il ne l'est pas. Les Johannot ne l'étaient pas non plus. Et Vernet, et Gudin, et Scheffer, et Delacroix, et Ingres, s'ils ne sont pas grêlés, qui le sera ? Et cependant il me semble bien qu'ils ont été vaccinés.

Parmi les musiciens, de quel droit M. Caraffa est-il grêlé quand Rossini ne l'est pas ?

Il y en a sur lesquels je ne puis me tromper. Hugo, Lamartine, madame Sand, madame de Girardin, ne sont pas grêlés, et j'ai peine à m'en affliger.

Heureusement, je crois que M. Sainte-Beuve a évité la flétrissure de la vaccine et que M. Veuillot est grêlé, coutouré et brodé.

Mais Alexandre Dumas, les deux MM. de Musset, Louis Desnoyers, Jules Janin, Théophile Gautier, Léon Gatayes, René de Rovigo et cent autres, ne sont pas grêlés.

Par exemple, mon vieux camarade, docteur Verdé-Delisle, tu l'es parfaitement.

Décidez bien vite, messieurs de la science. Faut-il envier les grêlés? Faut-il se plaindre des traces de la petite vérole?

Jugez vite et bien.

Le vaccin est-il un bienfait venant de Dieu, qui nous préserve du fléau de la variole inventée par le diable?

Ou la variole est-elle le bienfait et le vaccin le fléau?

Cela vaut la peine qu'on s'en occupe.

Qui sait bien ce que c'est que le malheur? Qui pourra définir le bonheur? Les quelques bonheurs que j'ai eus me sont arrivés malgré moi; les meilleurs malgré eux. Par exemple, vous avez un cor incurable; vous vous désespérez, vous blasphémez. Insensé! votre fortune est faite. Vous avez cent cinquante mille francs que vous n'avez qu'à aller prendre à Marseille, cours Saint-Louis, n° 9.

Vous demandez M. Servais, de Paris, — mais tâchez que l'on ne vous fournisse pas un faux Servais. Vous lisez sur sa porte :

« Cent cinquante mille francs à celui dont les cors

ne guériraient pas avec le remède du vrai Servais, de Paris, actuellement à Marseille.

» Ce remède est si simple qu'un enfant de trois ans peut lui-même se guérir. »

Vous êtes sûr de votre cor; il a défié tous les remèdes; mettez-vous en route; vous arrivez boiteux, mais content, à Marseille, cours Saint-Louis, 9; vous demandez M. Servais.

— C'est moi, monsieur.

— Êtes-vous bien le vrai Servais de Paris?

— Monsieur, je vous assure...

— Pas de phrases; dites-moi *un mot latin* et écrivez-le.

Si ce n'est pas le vrai Servais, il ne pourra pas écrire le mot latin.

Car le vrai Servais vous le dit dans son annonce:

« On peut confondre ces *empiriques* en leur demandant *un mot latin*; ils ne sauront pas l'écrire!...

Ils ne le sauront pas!!!

Je ne vous dis pas comment vous devez traiter le faux Servais quand vous l'avez reconnu.

Rappelez-vous les Vêpres siciliennes et le mot qu'on faisait prononcer aux suspects étrangers.

Mais si c'est le vrai Servais de Paris, GENDRE *du colonel comte Desbrosses*; si c'est *le vrai Servais*, *ancien élève des écoles de Paris, premier chimiste de Naples;* » il vous dira et vous écrira, non pas un mot latin, mais deux mots latins, ceux que l'on voit sur son annonce et sur sa porte, *Pedum cura*, — soin des pieds, — d'où l'on a fait *pédicure*.

Quand vous avez reconnu le vrai Servais, vous lui montrez votre cor; il y applique son remède. Le cor résiste, et le vrai Servais vous donne à l'instant même cent cinquante vrais mille francs que vous emportez.

Par exemple, ne lui demandez pas de vous céder ce secret. Quand vous ajouteriez cent cinquante autres mille francs à ceux que vous venez de recevoir, il vous en avertit : « Il a *seul le droit exclusif* de vendre ce remède, qu'il refuse de céder à des prix fabuleux. »

En gros, du moins, car, en détail, ça coûte 1 fr. 25 c. le rouleau.

Mais défiez-vous des faux Servais! Si vous allez chez un faux Servais et que votre cor rie au nez du faux remède du faux Servais, n'allez pas ensuite demander cent cinquante mille francs au vrai Servais; il ne vous les donnerait pas.

Et il y a beaucoup de faux Servais, et « on débite une immense quantité de faux rouleaux sous son nom dans l'univers entier. »

Deux observations seulement à M. Servais.

Il faut qu'il ait vendu bien des rouleaux à 1 fr. 25 c. pour avoir gagné dessus au moins 450,000 fr. ; car, s'il se trouve un cor rebelle, il peut arriver qu'il s'en trouve trois.

Et si M. Servais a gagné 450,000 francs avec son baume, il faut qu'il ne soit mu, pour en continuer la vente, que par un ardent amour de l'humanité.

Et, s'il a un ardent amour de l'humanité, pourquoi vend-il un spécifique aussi précieux pour soulager les souffrances de ses semblables, assez cher pour avoir gagné dessus 450,000 fr.?

D'autre part, M. Servais ne craint-il pas qu'en imprimant, lithographiant et disant ces deux mots latins, il ne finisse par en apprendre un à quelque empirique, et, une fois que l'empirique saura un mot de latin, comment distinguer le vrai Servais du faux Servais?

Et, comme c'est le vrai Servais qui vous a donné ce moyen de le reconnaître, si vous tombez sur un faux Servais qui ne guérisse pas votre cor, ne pourrez-vous pas exiger néanmoins les cent cinquante mille francs du vrai Servais qui aura contribué à vous causer ce dommage?

IX

**DE QUELQUES CHOSES INUTILEMENT DEMANDÉES.
LES SAVANTS ET LES POISSONS**

J'apprends par un journal un triste événement arrivé à Sainte-Adresse, un pays que j'ai un peu inventé, que j'ai si bien mis à la mode, auquel j'ai amené tant de monde, qu'un jour il ne s'y est plus trouvé de place pour moi. Hervieux, un pauvre pêcheur infirme, a vu périr sous ses yeux son fils aîné. « Je ne veux pas que mon fils soit pêcheur, » m'avait-il dit souvent. Et il l'avait mis en apprentissage au Havre, chez M. Normand, le constructeur de navires. — Mais un dimanche, le jeune Hervieux accompagne son père à la pêche ; il tombe à la mer, disparaît, revient à la surface en se débattant ; — la barque, entraînée par la marée, s'éloigne ; — le père Hervieux ne sait pas plus nager que son fils ; il lui jette les avirons, qui, impuissants à ramener le canot, pourront aider le pauvre enfant à se soutenir sur l'eau ; — le fils ne saisit que l'eau de ses mains crispées, et disparaît pour la dernière fois.

Je l'ai souvent répété sans obtenir jusqu'ici aucun succès. Le plus grand nombre des marins ne savent pas nager. Il en est de même des mariniers des rivières et des fleuves.

Il serait facile à l'autorité de changer cet état de choses absurde et désastreux. On ne peut posséder et conduire un bateau ou une embarcation sur une rivière ou sur la mer sans une permission personnelle. Que l'on annonce qu'à l'avenir, à prendre de 1860, par exemple, il ne sera pas délivré d'autorisation de navigation ni de pêche à un homme ne sachant pas nager, c'est-à-dire ne pouvant pas se jeter à l'eau d'une embarcation et parcourir une distance convenue.

D'autre part, la natation devrait être encouragée par des fêtes, des luttes et des prix ; il serait aussi beau comme spectacle et aussi utile pour le moins comme résultat de voir des jeunes gens disputer des prix de natation que de voir des courses de chevaux.

J'ai fait pendant une huitaine d'années partie de la société des régates du Havre. Cette société a rendu de grands services, elle a contribué au perfectionnement des embarcations et à l'ensemble de la nage (exercice de la rame). — Jamais je n'ai pu obtenir que parmi les prix nombreux mis au concours il en fût donné un pour art de la natation. Dans tout port de mer, dans toute ville riveraine d'une rivière, il devrait y avoir chaque année une ou deux fêtes nautiques, dans lesquelles on distribuerait des prix aux meilleurs nageurs.

A ce propos, j'attends toujours la solution d'une autre demande que je fais depuis quinze ans, — la création d'un ruban spécial pour les médailles de sauvetage, ces belles décorations sur lesquelles il est écrit : « A un tel, pour avoir sauvé un homme au péril de sa vie. » — J'ai eu depuis quinze ans trois ou quatre amis ministres; je ne leur ai jamais demandé que cela et n'ai rien obtenu.

Je félicitais un jour M. Belmontet, député du Tarn-et-Garonne, de ce que ses amis politiques avaient ramassé avec soin quelques-unes des améliorations que les miens avaient demandées et préparées sans pouvoir les faire admettre, — et je lui dis : — Voici une de celles que j'ai inutilement demandées. — Les médailles de sauvetage ne peuvent guère se porter à la boutonnière comme les autres décorations, quoique les pompiers et les soldats qui en ont reçu doivent les porter et les portent ; mais cette médaille est grande et lourde, elle est gênante, et on risque de la perdre ; on ne pourrait, dans ce cas, la remplacer chez un bijoutier : elle a été frappée au nom de celui auquel elle a été décernée ; elle doit de plus, *sous peine de punition*, être attachée d'*un ruban tricolore, dont chaque couleur occupe un espace égal*. C'est-à-dire que cette décoration est représentée par un ruban que tout le monde a le droit de porter, excepté les décorés, qui ne peuvent le porter sans la médaille. Je demande qu'il lui soit désigné un ruban spécial, vert et rouge, par exemple, à raies égales, figurant l'eau et le feu, théâtres ordinaires des traits de dévouement qui les font obtenir.

J'ai échoué auprès de mes amis, dis-je à M. Belmontet ; essayez auprès des vôtres.

M. Belmontet s'est chargé de très-bon cœur de cette démarche ; il faut croire qu'il a échoué comme moi, car je n'en ai plus entendu parler.

Je n'exagère rien en disant qu'un tiers des marins et des mariniers ne sait pas nager et que les sept dixièmes nagent mal, ce qui ne leur permet ni de secourir les autres ni de se sauver eux-mêmes. Outre les examens que dans mon projet on ferait subir à tout marin ou marinier, ne pourrait-on exiger de lui qu'il récitât six lignes de prose ?

Deux gros préjugés sont encore très-répandus dans les campagnes : le premier, c'est qu'il faut attendre l'arrivée d'un agent de l'autorité pour enfoncer la porte d'un asphyxié et pour couper la corde d'un pendu, — de même qu'il faut laisser un noyé dans l'eau jusqu'à ce qu'il ait été vu par ledit agent. — Il est seulement permis de lui mettre la tête hors de l'eau, mais les jambes au moins doivent y rester.

Quand on brave ce premier préjugé à l'égard du noyé, quand on le retire de l'eau, c'est pour obéir à un autre préjugé : c'est pour le pendre par les pieds, sous prétexte de lui faire vomir l'eau qu'il a avalée, opération qui ferait mourir en deux minutes un homme en bonne santé.

Eh bien ! ne serait-il pas bien de faire réciter aux gens qui, passant leur vie sur l'eau, rencontrent fréquemment de pareilles circonstances, les six lignes que voici :

« Coucher le noyé sur le côté droit, — la tête plus haute que les pieds ; — nettoyer les narines et la bouche de la vase et de l'écume.

» Presser les côtés de la poitrine et soulever à pleine

main les parois antérieures du ventre ; — frictionner le corps et les membres avec de la laine ; — mettre du tabac en poudre dans le nez, et le chatouiller avec une plume. »

Je voudrais trouver quelqu'un qui me dît que, au bout d'une année, cet examen de natation et la récitation des six lignes n'auraient pas sauvé un certain nombre d'hommes.

Je mets quelquefois en cause MM. les savants et mesdames leurs inventions. On a voulu voir dans cette guerre de la haine contre la science. On s'est trompé. De même que j'ai dit : « Je crois au magnétisme, mais je me défie des magnétiseurs, » j'ai essayé en diverses circonstances de défendre Dieu et les religions contre certains de leurs prêtres.

J'aime et j'honore la science. Quelques grands génies ont réuni les peuples au moyen des religions, dont les petits esprits ne savent se servir que pour les désunir. Ces grands génies, quand ils ont annoncé comme suprême récompense, but et fin de la vie humaine « de voir Dieu face à face, » ont très-certainement voulu exprimer que l'on saurait et que l'on verrait tout : l'espace, la vie, l'éternité.

Mais il y a une sorte de savants qui sont les faux prêtres ou les mauvais prêtres de la science : les savants qui ne savent pas, — les savants qui ont horreur de toute découverte qu'ils n'ont pas faite eux-mêmes, — les savants qui ne veulent pas apprendre. — On a imaginé un beau mot: amis de la sagesse, philosophes; — c'est annoncer qu'on ne se croit pas en possession d'une sagesse finie, complète, terminée comme le siége de l'abbé de Vertot. Je ne sais si c'est le défaut d'habitude qui ferait paraître dur le mot de philomathes, qui aurait le même sens pour les savants. Les savants de profession croient ou du moins veulent faire croire que la science, c'est ce qu'ils ont appris, rien de plus, rien de moins ; — que le génie humain a été jusque-là, a dit son dernier mot et n'ira pas plus loin. Ils se sont fait un patrimoine des boutiques de la science. Tout ce qu'ils ne savent pas, tout ce qu'ils ne tiennent pas dans ces boutiques, ils le nient, disent qu'on n'en fait pas, ou que c'est vénéneux. Ils sont amis de la lumière comme feu Quinquet, l'inventeur des réverbères, aurait été ami du gaz, — comme les coucous aiment les chemins de fer.

Les vrais savants, — j'ai un signe infaillible pour les reconnaître, et ceux-là je m'incline devant eux et je les écoute religieusement, — ce sont ceux qui disent quelquefois : Je ne sais pas. Pascal, Descartes le disaient souvent. Réaumur vous conduit au bout du chemin qu'il a fait, et il en a fait beaucoup sur plusieurs routes, puis il vous dit: Je n'en sais pas davantage ; mais quand il vous dit : *Je sais*, comme on peut le suivre sans inquiétude ! François Arago ne s'en faisait pas faute, quoique né dans le Midi. J'ai constaté trois ou quatre fois cette preuve de vraie science. Mais les savants qui veulent faire de la science une île escarpée où ils parlent une langue barbare, où ils ne laissent aborder personne, où ils tendent des piéges et font des haies d'épines et des remparts de ronces ; les savants qui ne veulent pas que la science soit une route sur laquelle les vrais savants ont quelques relais et quelques étapes à faire, mais qui prétendent au contraire qu'on est arrivé quand ils sont essoufflés ou qu'ils ont un effort de boulet et soutiennent que la route ne va pas plus loin et que la science est un cul-de-sac, — ceux-là je les crois mes justiciables.

Les savants ont si bien fait, par exemple, pour l'agriculture, qu'ils ont inspiré aux praticiens une défiance presque invincible de la science qui les maintient dans la routine avec passion. C'est en haine de cette marche dangereuse de la science que j'ai signalé, autrefois, une tache dans un ouvrage de M. de Gasparin, ouvrage très-estimable à beaucoup d'égards et dans lequel, pour ma part, j'ai puisé beaucoup de connaissances très-utiles.

Je me suis occupé aussi quelquefois de la pisciculture, mot nouveau pour une science déjà ancienne; on en trouve des traces dès le xive siècle.

Lacépède donne, au sujet du transport des poissons et de la fécondation presque artificielle, des renseignements très-complets et très-exacts.

Il y a quelques années, J. Remy, pêcheur de la Bresle, qui n'avait pas lu Lacépède ni aucun autre livre, je pense, a parfaitement réussi dans des essais de fécondation et l'acclimatation des truites et des saumons.

Alors les savants se sont rués sur les poissons en repoussant du coude les profanes.

M. V... a inventé d'acclimater et d'aller chercher tous les poissons que Lacépède avait conseillé d'introduire; seulement dans sa précipitation, il a confondu et apporté aussi certains poissons que Lacépède avait conseillé de ne pas admettre dans nos étangs et nos rivières, qu'ils ne seraient bons qu'à dépeupler. M. V... n'a pas cité Lacépède, mais il s'est fait donner une mission rétribuée ou du moins indemnisée.

M. C... s'est substitué au pêcheur Remy, — et voici sans doute ses raisons :

On se rappelle cette femme qui, voyant de beaux arbres et de vertes pelouses, disait : « Quel dommage qu'on ne voie ces choses-là qu'à la campagne ! » — A Sparte, s'il arrivait qu'un homme de vertu médiocre émît un avis utile à la république, — on chargeait un homme de haut mérite de repréndre la proposition et de la présenter au peuple.

M. C... se sera dit à lui-même : — 1° Ce n'est pas sous les saules, au bord des fleuves, que l'on pêche des chaires et des pensions ; — il faut élever des saumons et des truites à Paris, dans des carafes.

2° Un homme illettré s'avise de précéder les savants dans une science, — dans une science utile ; — c'est un scandale comme de voir les épiciers vendre des parapluies. — Du temps des maîtrises on vous aurait fourré ce gaillard dans un cul de basse-fosse.

3° Je prends mon bien où je le trouve, et je serai le père des poissons.

D'autres savants se sont établis concurrents de M. C... — Jusque-là, peut-être, il n'y aurait pas grand mal, car je crois que le pêcheur Remy a été quelque peu récompensé. Tous ces savants cherchant concurremment, doivent faire faire des pas à la science qui rendra le poisson et le bon poisson une nourriture abondante et commune, et qui repeuplera nos rivières désertes.

Voyons donc ce qu'ont trouvé MM. les savants. Il s'est formé récemment une société dont le but est éminemment utile et sérieux : l'acclimatation des animaux utiles. Je lui reprocherai cependant d'être purement zoologique et de n'avoir pas consacré ses soins également à l'acclimatation des légumes et des fruits.

Dans une des séances de cette société, M. C..., de l'Institut, tire de sa poche des saumons, de grandes truites, — petites il est vrai, mais de l'espèce des grandes, — un saumon du Danube qui arrive à une longueur de six pieds et à un poids de cent livres, mais on pourra accomplir ces conditions dans les cuvettes de M. C... *C'est une acquisition très-précieuse* pour les œufs de poisson. Quelques personnes, y compris le bon Dieu, les font à tort éclore sur du sable.

D'autres sur des claies de métal.

M. L... a perfectionné cela. Il met ses œufs sur des claies d'osier. Le sable est arriéré, la claie de métal est absurde.

Quelques rivaux font voyager les œufs aussitôt après leur fécondation. C'est vouloir détruire le poisson.

Je les envoie parvenus au terme de leur développement, etc.

Je les mets dans des végétaux humides.

M. M..., qui rêve de l'Institut, où il sera porté sur le dos des poissons comme Arion sur son dauphin, répond :

— Transporter les œufs de saumon au terme de leur développement, c'est se montrer l'ennemi du poisson et l'assassiner.

Envelopper les œufs dans des végétaux humides est absurde ; je les mets dans des linges mouillés.

Ce n'est pas M. C... qui a inventé les claies pour faire éclore les œufs, c'est moi.

Les claies en osier sont ignobles. Les claies en métal seules doivent être admises.

Le saumon ordinaire présenté par M. C... n'est pas un saumon ordinaire, mais un saumon bécar (*salmo hamatus*). Ces espèces n'ont pas besoin d'être acclimatées, elles fréquentent naturellement nos eaux. Quant au saumon du Danube (*salmo hucho*), cette précieuse acquisition, suivant M. C..., est un très-fade et très-mauvais poisson. — J'ai dit.

Ah ! ah ! s'écrie M. C..., j'entends de belles choses, des choses tout à fait nébuloniennes. Je comprends qu'on ait placé dans la Fable la Vérité auprès d'un puits, elle est souvent altérée; mais je doute fort qu'elle l'ait été jamais comme elle vient de l'être par M. M...

— C'est moi qui ai inventé les claies.

— Mais, malheureux, tu n'avais pas un seul œuf de poisson quand mes carafes, mes cuvettes et mes fioles à eau de Cologne étaient encombrées de monstres marins! C'est à ma pitié que tu dois l'aumône des premiers œufs de saumon (*salmo salar* et non *hamatus*). Mais, malheureux, tu m'en as dérobé, des œufs de saumon, je t'ai pris la main dans mes cuvettes, rends-moi mes saumons!

— Où en as-tu des saumons? Dis-nous-le séance tenante; l'Institut en corps va aller en pêcher à la ligne. A bas les claies de métal! vivent les claies d'osier!

— Je t'ai pris des saumons, reprend M. M..., moi, à toi! mais, mon brave homme, tu aurais dû m'en donner. Si l'on te prête des cuvettes pour y propager des saumons de six pieds, c'est pour que tu distribues des œufs à ceux qui cherchent à faire progresser la pisciculture. Je n'en ai pas eu un seul. C'est moi qui, au contaire, ingrat! t'en ai donné par centaines.

— Je ne vous suivrai pas, monsieur, dans la voie regrettable que vous prenez; je vous répondrai avec calme et modération.

Il est faux que vous soyez l'inventeur des claies : c'est moi.

L'osier est un crime contre le poisson, les claies en métal le sauveront.

— C'est toi qui m'as volé mes procédés, — lorsque tu es venu dans mes appartements de la rue de Castiglione, — quand tu m'engageas à ne pas publier mes procédés, afin de tâcher de les publier toi-même avant moi ; — non-seulement je t'ai donné des œufs, mais je t'ai donné des truites ; qu'en as-tu fait, gourmand?

Mais je m'arrête, — pendant ce temps je néglige de faire éclore des poissons. — c'est ma mission, cent mille saumons peut-être ne sont pas nés parce que j'ai eu la faiblesse de répondre à M. C...

Sérieusement en quoi ces discussions font-elles progresser la nouvelle science ? qu'y a-t-il de décidé ? On n'a produit que des assertions violemment contradictoires, et voilà tout.

Heureusement un troisième savant prend la parole, M. le baron de M... — M. de M... raconte de jolies anecdotes sur les truites ; c'est un pêcheur, un gourmet et un homme d'esprit.

Puis il dit : — Il y aura beau avoir des truites dans les cuvettes du collége de France, elles ne seront pas plus acclimatées pour cela, — quand même tout l'Institut renoncerait à se laver les mains pour ne pas les déranger. Le saumon du Danube n'est pas aussi bon que le prétend M. C..., ni aussi mauvais que le soutient M. M...

Il est très-mangeable. — Je conseille une sauce hollandaise.

Les truites et les saumons aiment les eaux limpides ; l'eau du collége de France est verte et croupissante ; on ne pourrait y élever avec quelque succès que des grenouilles qui, du reste, peuvent se manger frites ou à la sauce blanche avec des câpres.

Les claies d'osier ou de métal sont également mauvaises. C'est dans l'eau qu'il faut élever les poissons. Si l'on entend par acclimater les faire vivre en cage comme des canaris, on ne réussira pas.

Heureusement que, pendant ce temps, Remy le pêcheur continue à faire naître de vraies truites, dans de vraie eau, sur de vrai sable.

Voyons, ai-je bien tort contre les savants?

On dit que l'empoissonnement de la rivière du bois de Boulogne est un fait accompli. Cinquante mille saumons, truites, etc., éclos au collége de France, seraient déjà dans le bassin supérieur. On continuerait l'opération à mesure que l'alevin du collége de France aurait pris assez de développement.

Voici plusieurs années que l'on s'occupe de pisciculture au collége de France, et que les cuvettes des professeurs qui y sont logés ne servent plus qu'à élever de jeunes poissons.

La pisciculture est un fait intéressant qui avait droit à tous les encouragements, et je comprendrais que le collége de France s'en occupât avec cet ensemble et cette persévérance, si la chose était encore à l'état d'expérience; mais, lorsque le premier œuf de poisson entra au collége de France, il y avait déjà plusieurs années que le pêcheur bressois Remy faisait en grand des expériences concluantes. Ce n'a donc été qu'une étude rétrospective, et ce ne peut être qu'une distraction pour MM. les savants du collége de France. Ce n'est pas le premier exemple de hauts personnages trouvant un grand charme à voir tourner des poissons rouges. Dans l'*Ours et le Pacha*, l'eunuque Maréco dit à l'illustre voyageur Lagingeole : « —Shahabaham regarde en ce moment ses poissons rouges tourner dans un bocal ; il en a pour deux bonnes heures. »

Mallebranche fut surpris jouant aux épingles avec des enfants par des étrangers venus de fort loin pour le voir.

Si ce n'était pas une distraction, un amusement que se donnent ces messieurs, on s'expliquerait difficilement leur persévérance à consacrer leurs cuvettes à l'éclosion de jeunes saumons, lorsque l'établissement d'Huningue, établissement sérieux, fonctionnant depuis longtemps déjà, est en mesure de livrer à la consommation plus d'un million de jeunes poissons par mois.

Puisque l'expérience est complète, ce que font les savants du collége de France est comme s'ils semaient du blé sur leur fenêtre.

Une idée qui me vient expliquerait cependant que le collége de France se consacrât à élever des poissons : c'est qu'il s'agirait non-seulement de faire éclore les poissons, mais de les élever, de les instruire. —Quelques professeurs ont essuyé des ennuis de la part de la jeunesse humaine : on s'explique qu'ils aient eu la pensée d'appliquer leur sollicitude aux poissons.—But élevé, difficile à atteindre et bien digne d'exciter l'émulation.

On dit proverbialement « bête comme une carpe. » Les anciens appelaient volontiers les poissons « muets, » *muti pisces*. Il serait donc glorieux de rendre les poissons savants; et, en effet, des poissons sortant du collége de France doivent en savoir un peu plus long que des poissons sauvages, nés sous une touffe de nénuphar ou de butome. On a soupçonné dans le temps

M. Valenciennes de n'être pas étranger à l'éducation de ce phoque qui donnait la nageoire et disait: *papa*.

Alors seulement on comprendrait l'intervention de MM. Valenciennes, Coste, Sainte-Beuve, etc., dans une éducation dont, sauf le point auquel ils peuvent la porter, les plus simples pêcheurs s'acquitteraient mieux qu'eux.

On sait que le poisson muet (*mutus piscis*), — ce qui assure des auditeurs peu tumultueux, — n'est pas sourd. Les dauphins d'Arion ont autrefois montré du goût pour la musique; il est probable que ce goût se changera en aptitude. C'est peut-être l'éducation qui manque aux aloses pour être des sirènes.

On sait aussi que M. Coste, il y a deux ans déjà, s'est occupé d'accoutumer des poissons à manger de la viande cuite, ce qui fut l'objet d'un rapport à l'Académie des sciences. — Il est évident qu'il avait alors son but, et que nous ne tarderons pas à voir un poisson se servant pour manger du couteau et de la fourchette.

Une circonstance cependant me donne de l'inquiétude. Cinquante mille saumons, truites, ombres-chevaliers, etc., sortis des bancs du collège de France, viennent d'être lancés dans le monde, c'est-à-dire dans la rivière du bois de Boulogne. D'autres vont les suivre.

N'est-il pas à craindre que ces poissons, élevés, instruits au collége de France, n'apportent dans le commerce de la vie une adresse, une défiance, fruits de l'éducation, et ne deviennent presque impossibles à pêcher? Se laisseront-ils prendre aux piéges assez grossiers qu'on leur tend d'ordinaire? Les truites tomberont-elles dans le panneau de la mouche artificielle?

Je me représente un pêcheur tendant sa ligne sur une des rives du fleuve au bois de Boulogne.

Les poissons du collége de France s'assemblent autour de la ligne.

Un Saumon. — Tiens, une ligne!

Un Goujon. — Tiens, on voit la pointe de l'hameçon qui passe!

Une Ablette.—Est-ce mal fait! faut-il que l'homme soit bête et présomptueux pour espérer nous tromper avec de pareils engins!

Puis les poissons s'amusent à attacher la ligne après une racine d'arbre, ou bien ils cherchent et ramassent une vieille savate et l'accrochent à l'hameçon du pêcheur, qui, ému, haletant, lève sa ligne, au bout de laquelle il croit trouver du poisson.

Et les poissons de rire à s'en tenir les arêtes.

Bien plus, il est au moins probable que, lorsque les poissons élevés au collége de France auront affaire à des gens qui n'auront pas étudié sous MM. Sainte-

Beuve, Coste, Valenciennes, etc., ils auront sur les pêcheurs un avantage dont ils abuseront.

Ils voudront pêcher des hommes, et ils y réussiront ; et, quand M. Sainte-Beuve aura retrouvé la sirène antique, on comprend à quels dangers seront exposés les promeneurs.

⁕

J'ai parlé d'une discussion qui eut lieu à l'Académie des sciences entre M. Coste et un autre savant, à propos de ces mêmes poissons ; cette discussion s'envenima, on se le rappelle, et on en vint à d'assez gros mots.

Les membres paisibles de l'Institut n'étaient pas sans inquiétude. On savait que MM. de Quatrefages et Coste n'étaient pas d'accord sur la formation des monstres chez les poissons. Le monde civilisé n'ignore pas que, selon M. de Quatrefages : « la coalescence des deux vitellus peut seule expliquer la production des poissons doubles et à deux têtes. » On sait également que M. Coste prétend qu'il n'y a, chez ces poissons à deux têtes, qu'un seul appareil omphalo-mésentérique. » Le monde se partage sur ces questions brûlantes ; on abandonne les soucis de la politique et les intérêts des affaires ; on est bivitellien ou uno-vitellien.

MÉLANGES PHILOSOPHIQUES. 153

Les craintes de l'Institut, craintes justifiées par des précédents fâcheux, ont été heureusement trompées. Un journal scientifique prend soin d'en avertir le monde lettré, qui n'avait pas appris sans anxiété que les deux adversaires devaient se trouver en présence à la séance du 23 avril. « Cette discussion fort animée, » dit le docteur de Lamare, « est cependant restée dans des termes d'égards réciproques qui font honneur aux deux savants qui la soutenaient. »

Nous prenons part à la joie, mêlée peut-être d'une dose un peu trop forte de surprise, que manifeste à ce sujet le savant docteur.

La petite ville de *** vient de se trouver très-embarrassée. De temps immémorial, on y rasait pour six liards. Les barbiers ont émis, il y a quelques mois, la prétention de se faire payer par deux sous. Les habitants de *** se sont refusés à cette exigence. Les barbiers se sont mis en grève.

S'il y a eu conjuration d'un côté, il y a eu de l'autre concert pour la résistance. Les habitants de *** ont courageusement gardé leur barbe et ont fait semblant de considérer cet événement comme un avantage ; ils ont déclaré que les hommes avaient ainsi l'air plus mâle et quelque peu martial. Cependant, M. le maire, qui se rase lui-même, M. l'adjoint, qui n'a jamais eu de barbe, et M. le juge de paix, qui accordait clandestinement à son barbier les deux sous exigés, désapprouvaient les longues barbes de leurs administrés. Ces fonctionnaires, qui, avec un zèle toujours égal, ont servi les divers et nombreux gouvernements qui se sont succédé depuis quarante ans, se rappelaient que la barbe déplaisait fort à la Restauration et ne plaisait guère à la branche cadette. La barbe est sinon tout à fait anarchique, du moins fort portée à l'opposition.

On menaça les sept coiffeurs de *** d'appeler des coiffeurs de Paris. On attirerait facilement des jeunes gens en leur assurant la clientèle de la ville de ***.

Les sept coiffeurs virent qu'il fallait céder; mais ils voulurent au moins se venger de leur défaite. Ils se concertèrent et annoncèrent que, puisqu'on n'admettait pas une prétention qu'ils avaient crue légitime, ils continueraient comme par le passé à raser les habitants de *** pour la modique somme de six liards, et qu'ils cesseraient leur grève à partir du surlendemain, qui était une grande fête.

Cette nouvelle causa une vraie joie dans la ville. On s'était préoccupé de cette fête, et l'on avait trouvé fâcheux que la ville entière y assistât en longue barbe.

Dès le matin, les coiffeurs se mirent en tournée. Suivons l'un d'eux.

Il entre chez un habitant notable. Celui-ci le reçoit bien, sans aucune allusion à la grève ; conduite pleine de tact à l'égard d'un vaincu qui se soumet. Le barbier commence humblement son opération ; il passe avec dextérité le rasoir sur la partie gauche du visage de son client ; puis, tout à coup, il s'arrête :

— « Pardon, Monsieur, permettez... »

Il essuie son rasoir, le remet dans sa poche, prend son chapeau et sort.

Le client reste le cou tendu, le menton savonné, pensant que maître Pierre ne s'absente que pour un instant et va revenir lui enlever l'autre moitié de sa barbe ; mais il attend en vain ; une demi-heure se passe ; il envoie chez maître Pierre.

Maître Pierre n'est pas rentré.

En quittant ce premier client, maître Pierre avait couru chez un autre qu'il avait traité de la même manière, de là chez un troisième qu'il avait laissé en pareille situation. Ainsi de suite.

Les six autres coiffeurs en avaient fait autant, de sorte qu'à neuf heures du matin presque toute la ville, et surtout les habitants notables, avaient la moitié de la figure rasée et l'autre moitié ornée d'une longue barbe.

Les sept barbiers, l'opération terminée, s'étaient sauvés à la campagne, où ils faisaient un honnête déjeuner.

Dernièrement, à...

Mais à quoi bon vous dire cette histoire que tous les journaux vous ont racontée ?

Ce qui suit s'est passé à la Chine ; c'est le pays où devront se passer toutes les choses comiques, depuis notre alliance avec les Anglais, dont les vaudevillistes avaient fort abusé, et avec les Turcs, qui avaient fourni à Crébillon d'abord, et ensuite à je ne sais qui, le type de Shahabaham, ce modèle de l'ancien absolutisme dans toute son imbécillité. Et il serait de mauvais goût d'attaquer les Russes de cette manière.

Le grand-prêtre de Fo, aux jours de grande fête, permet au peuple de baiser son orteil ; c'est une coutume bien sauvage, bien ridicule, bien outrecuidante, mais cependant c'est un honneur fort désiré, fort attendu, fort envié.

Il y a quelques jours, le grand-prêtre de Fo fit un petit dîner fin avec quelques prêtres inférieurs, dans un couvent aux portes de la ville. Après dîner, les saints personnages, se trouvant heureux, eurent la bonne, la touchante, la religieuse idée de faire partager leur bonheur.

« — Il n'y a pas moyen, dit l'un d'eux, de faire faire au peuple un dîner comme celui que nous venons de faire : le vin d'Orvieto, celui de lacryma-christi, le malvoisie de Sardaigne sont trop chers depuis la maladie de la vigne. Que faire ?

— Vous vous embarrassez de peu, dit le grand-prêtre de Fo. Je vais donner au peuple mon orteil à baiser. »

Le peuple disponible se composait des habitants du couvent et de quelques paysans; on ouvrit la salle à manger, qui fut bientôt pleine, et la cérémonie commença.

Mais tout à coup le plancher trop chargé céda, et le grand-prêtre, ses acolytes et la foule dévote à son orteil, tout descendit brusquement à l'étage inférieur. Personne ne fut blessé, sinon le grand-prêtre, et très-légèrement; le Chinois qui lui baisait l'orteil au moment de la chute du plancher, mordit un peu cet orteil sacré, pensant sans doute, dans son trouble, qu'il pourrait ainsi se retenir et s'empêcher de tomber.

Un grand personnage, qui, ainsi que les lettrés, ne pratique pas le bouddhisme, mais bien la religion de Confucius, religion sans prêtres, plaisanta, dit-on, sur l'accident arrivé au grand-prêtre et à son orteil, et dit : « Savez-vous ce qui est arrivé au plancher ? c'est qu'il a crevé de rire. »

Un poëte l'a dit :
On verra sans cesse renaître des choses avec lesquelles on croyait en avoir fini. On verra sans cesse disparaître des choses qui semblaient être impérissables.

> Multa renascentur quæ jam cecidere. Cadentque
> Quæ nunc sunt in honore.

Il n'y a jamais tant d'éloges, a dit un autre poëte, qu'aux époques où on en mérite le moins.

C'est à des époques semblables que l'on a fait tour à tour l'éloge de la peste, de la folie, des calamités, des sottises et des fléaux de toute espèce.

On essaye en ce moment de mettre la taupe à la mode. M. Daumerie, vice-président de la Société centrale d'agriculture de Belgique, a pris chaudement la défense des taupes dans une des dernières assemblées.

« Il est temps, s'est-il écrié à peu près en ces termes, de cesser la guerre barbare et impie que l'on fait à ces animaux intéressants. »

Les taupes, M. Daumerie l'avoue, font de longues galeries souterraines et coupent tout ce qu'elles rencontrent sur leur chemin ; elles dévastent des cultures entières de pommes de terre, de choux, de colza, etc., mais les taupes mangent des vers de terre et des larves de hannetons.

Les vers de terre ne nuisent à rien. Pour ce qui est des larves de hannetons, c'est un ennemi fort dangereux ; mais il faut prendre garde de tuer avec des pavés les mouches qui sont sur le nez de nos amis ; il est dangereux de mettre le feu à la maison pour faire périr les puces qui peuvent s'y trouver. Dans une chanson de Frédéric Bérat, un berger normand, qui fait de la médecine, vante ses secrets merveilleux :

> J'ai redressé le p'tit Bazu...
> A vrai dire, il en est mouru ;
> Mais mouru
> Pas tortu.

Il n'est pas de « serpent ni de monstre odieux » qui ne puisse être défendu ainsi. On pourrait dire en faveur des épidémies qu'elles préservent beaucoup de gens de diverses autres maladies ; en faveur des mauvaises récoltes, qu'elles font hausser le prix des denrées au profit des cultivateurs ; en faveur des incendies, qu'ils donnent de l'ouvrage à la population ouvrière chargée de réparer ce qu'ils détruisent, etc. Ce n'en sont pas moins de fort mauvaises choses, ainsi que les taupes, et, dans l'éloge de ces dernières, M. le vice-président de la Société centrale d'agriculture de Belgique me paraît s'être quelque peu laissé entraîner par une préoccupation : la crainte qu'ont certains Belges intelligents et distingués de paraître imiter, emprunter, contrefaire, etc.

M. le vice-président n'a pas su résister aux charmes d'une opinion qui lui a paru tout à fait nouvelle et incontestablement personnelle.

Post-scriptum. — J'ai pris part plus haut à la joie universelle que je signalais à propos de la mesure, de la parfaite convenance avec lesquelles s'était passée une discussion, à l'Académie des sciences, entre M. Coste et M. de Quatrefages.

M. de Quatrefages, — on se le rappelle, — prétendait que les poissons à deux têtes se formaient par la « coalescence » de deux individus. M. Coste soutenait le contraire.

Cette question était en effet trop ardente, trop enivrante pour qu'on pût raisonnablement espérer qu'elle n'entraînerait pas les savants au delà des formes de l'exquise politesse.

Aussi, la première passe, ayant eu lieu entre M. Coste et M. de Quatrefages sans qu'aucun gros mot eût été échangé, avait excité une admiration voisine de la stupéfaction. Ce sang-froid, cette aménité même avaient paru aux auditeurs habituels des séances quelque chose de plus phénoménal et de plus monstrueux encore que les poissons à deux têtes dont il était question.

Malheureusement, M. de Quatrefages eut la mauvaise inspiration de reprendre la parole pour dire qu'il lui semblait que M. Coste et lui étaient d'accord.

M. Coste n'y put tenir.

La patience humaine a des bornes.

La patience humaine des savants surtout.

Être d'accord ? jamais !

M. Coste a répliqué à peu près ainsi :

— M. de Quatrefages prétend que la vésicule ombilicale communique avec le pharynx, et il ose dire que nous sommes d'accord ! O sacrées Euménides ! je vous prends à témoin que je ne suis et ne serai jamais d'accord, ni avec M. de Quatrefages, ni avec personne.

M. de Quatrefages a répondu qu'il n'avait pas parlé du pharynx.

M. Coste... Mais je ne saurais répéter tout ce qu'a dit M. Coste.

Notre espérance a donc été déçue.—Une discussion modérée entre savants est un rêve auquel il nous faut renoncer.

Peut-être devrait-on éviter de mettre sur le tapis des questions aussi poignantes que celle de l'embryogénie des poissons à deux têtes, et de la communication vraie ou fausse de leurs pharynx.

A la prochaine séance, on continuera de s'occuper des phénomènes et des monstruosités. On traitera de l'embryogénie des savants.

X

ENCORE LES POISSONS, ET ACCESSOIREMENT QUELQUES CANARDS

Il est des choses qu'on aurait vraiment quelque peine à croire si elles n'étaient affirmées par les nouvellistes. Il me semblait que depuis quelque temps des prodiges sinistres, — *portentosa*, — se manifestaient en France. Un nombre plus qu'ordinaire de veaux à deux têtes et de centenaires lisant sans lunettes apparaissaient dans les faits divers, — mais ce n'était rien. — Une poule, animal domestique qu'on n'avait jamais jusqu'ici accusé que de caquetage, devenait hydrophobe, mordait sa maîtresse, qui succombait aux suites de l'accident. Faudra-t-il donc désormais museler les poules comme les bouledogues? Faudra-t-il que quelque Gérard nouveau vienne s'illustrer dans nos basses-cours, devenues des endroits périlleux, et acquière des droits à la reconnaissance publique, qui l'appellera *** le Tueur de poules.

Au même instant, j'avais été attristé par les détails de la tentative de suicide d'un caniche, que tous les nouvellistes racontaient comme ils avaient raconté l'histoire de la poule féroce.

— Eh quoi! me demandai-je, n'est-ce pas pour moi assez de vivre dans un pays excommunié? La France serait-elle donc plus excommuniée qu'on ne le croit? Comment se fait-il que ce soit en France, en effet, et non en Piémont, que ces choses étranges se manifestent?

J'étais encore attristé de ces réflexions et des faits qui leur donnaient naissance, lorsque les journaux, semblables à cette lance fameuse qui guérissait les blessures qu'elle avait faites, me vinrent apporter de grandes consolations.

Je lus un matin que les caves du faubourg Montmartre s'étaient remplies d'eau, sans qu'aucune grosse pluie, plus, sans qu'aucune inondation, sans qu'aucun débordement pût expliquer ce phénomène. Je pensai immédiatement à une certaine cave de la rue Cadet, 6, dans laquelle j'ai quelques raisons de croire qu'il vieillit d'assez bon vin dont quelques bouteilles seront bues à la santé de l'ami absent. Et j'allais encore prendre ce prodige pour un malheur qui fondait sur la moderne Babylone. Le raisin doit-il être poursuivi et détruit, même lorsqu'il se peut croire à l'abri dans des bouteilles dûment cachetées? Mais combien je fus rassuré lorsque j'appris que plusieurs propriétaires de caves y avaient pêché de très-beaux et très-bons poissons !

« La science, disent les nouvellistes qui racontent cela, cherche et va bientôt trouver les causes de ce fait extraordinaire. » Je crois avoir quelques droits de me compter parmi les savants en fait de pêche, après dix-huit ans de pratique sur les côtes de Normandie, et après avoir publié un dictionnaire du pêcheur qui obtient, j'aime à le croire, le succès qu'il mérite. Eh bien! j'avoue que, pour ma part, je n'ai plus fait, depuis la lecture de ces articles sur les caves du faubourg Montmartre, que chercher les causes les plus probables du fait qui doit occuper singulièrement les méditations de MM. Coste, Valenciennes et Quatrefages, lesquels règnent sur les poissons par droit de conquête. Il ne m'est venu jusqu'ici à l'esprit que des lueurs mobiles et incertaines, pareilles à ces mouches luisantes qui voltigent le soir dans les campagnes italiennes au mois de mai, dans l'air pur de l'odeur des roses.

Mais une lettre que m'adresse un propriétaire de cave submergée paraît jeter un jour étrange sur la question.

Je laisse à mon correspondant la responsabilité du récit quelque peu singulier que contient sa lettre, tout en faisant remarquer que ce récit n'est pas plus difficile à admettre que celui de la poule hydrophobe ou du caniche dégoûté de l'existence, qui n'ont pas trouvé de contradicteurs.

« C'est moi, monsieur, m'écrit mon honorable correspondant, c'est moi qui, le premier, m'aperçus de l'invasion de l'eau dans les caves du faubourg Montmartre. J'ai l'habitude de ne confier à personne la clef de la mienne, et je vous laisse à juger de mon étonnement lorsque je la trouvai pleine d'eau. En même temps, un bouillonnement singulier me fit comprendre que cette eau était habitée; j'ouvris une lanterne, et je vis courir çà et là, avec l'apparence de la frayeur et de l'égarement, une vingtaine de barbillons et trois carpes, plus un poisson qui m'est inconnu. Or, il est bon de vous dire que, depuis quarante ans et plus que je pêche à la ligne, tous les jours que Dieu a faits, sous l'arche du Pont-Royal qui avoisine les bains Vigier, j'ai la prétention de connaître quelque peu les poissons qui habitent la Seine. Les autres poissons, barbillons, carpes, etc., s'étaient réfugiés derrière les barriques; celui-ci seul, en possession du terrain humide, leva la tête hors de l'eau. C'était, monsieur, un poisson d'une livre et demie pour le moins. La seule fois que j'ai tiré de l'eau quelque chose pesant une livre et demie, ç'a été un soulier de porteur d'eau qui s'était accroché à ma ligne. Vous comprenez que mes instincts de pêcheur se réveillèrent vivement, et que, sortant précipitamment de ma cave, je la fermai à double tour et m'empressai d'aller chercher cette ligne redoutée. Je redescendis, j'amorçai, et je la jetai au devant de mon hôte.

» Quel fut mon étonnement, monsieur, lorsque ce poisson, levant la tête au-dessus de l'eau, fit entendre un petit ricanement, prit la parole et dit : « Bourgeois, mon ami, replie bien vite cet engin ridicule. Crois-tu que je ne vois pas? L'hameçon que cache ton *asticot*, c'est un hameçon anglais n° 4, empilé sur *racine* ou boyau de ver à soie; ça n'est pas mal fabriqué, et ça doit bien faire quand tu d'adresses à des poissons sans éducation. Rengaîne et replie tout cela, et réponds à ma question. Je sais bien que je suis par 48° 50′ 14″ latitude N. et O. longitude, c'est-à-dire à Paris, c'est-à-dire à 379 kilomètres S.-E. de Londres, à 1,372 kilomètres N.-O. de Rome, à 2,700 kilomètres N.-O. de Saint-Pétersbourg.

» Ce que je te demande, ô bourgeois, c'est de me dire sous quelle rue est creusée cette cave qui me fait l'effet de t'appartenir. »

» Vous comprenez facilement, monsieur, que je fus au moins stupéfait d'entendre parler ce poisson. J'ai fait mes études dans un collége de Paris, où j'ai appris, comme tout le monde, le latin et le grec, après quoi j'ai été rangé dans une des deux classes qui composaient la totalité des jeunes Français auxquels, pour principale éducation, on enseignait les deux seules langues qui ne se parlent pas ; la première classe se composait de ceux qui n'avaient rien appris, la seconde de ceux qui avaient tout oublié. Je dois dire cependant que je n'ai oublié que presque tout, et que je me souviens qu'Ovide appelle les poissons muets, *muti pisces*. J'ai pris personnellement bien des poissons, monsieur : aucun ne m'a parlé. J'ai bien ouï dire par les journaux qu'un phoque disait *papa*, mais veuillez me le pardonner, monsieur, vous qui êtes quelque peu nouvelliste, je n'ai ajouté que peu de foi à un tel récit. Cependant je me rassurai et je répondis : « Vous êtes dans la cave de la maison n°..., de la rue..., dans un immeuble qui m'appartient. Ainsi j'ai quelques droits de vous demander comment vous vous êtes introduit ici, et quel poisson vous êtes?

» — La propriété, dit le poisson, est une question sur laquelle j'aurais beaucoup à dire; mais un intérêt plus puissant m'occupe; il faut que vous me rendiez un service. Vous que le hasard a rendu mon hôte, je vous en adjure au nom de la sainte hospitalité, il faut m'envoyer chercher M. Valenciennes à l'Institut. En échange de ce service, je vous donnerai tous les éclaircissements que vous voudrez après que vous m'aurez fait donner une côtelette de mouton et un verre de vin. »

» Je cédai, monsieur, à la demande de ce poisson comme on n'en voit guère; j'envoyai ma portière à l'Institut demander M. Valenciennes avec un mot de moi cacheté, et, sans rien dire à personne de ce qui m'arrivait, je redescendis à ma cave, et, faute d'une côtelette, — il eût fallu employer, à la faire paner et cuire, un temps que mon impatience eût regretté, — j'offris au poisson un peu de blanc de volaille et un peu de vin, qui lui fit dire : « Diable! mais c'est du sauterne d'une assez bonne année. »

» — J'espère, ajouta-t-il, que vous n'avez pas la prétention de manger un poisson comme moi. D'abord, vous pouvez vous assurer que je suis maigre ; les veilles m'ont fatigué, je n'ai que les écailles sur les arêtes. Il vous sera plus agréable de me conserver chez vous dans un bassin. Je suis un poisson de bonne compagnie ; c'est M. Valenciennes qui est allé me chercher en Prusse ; il m'a apporté tout petit, il m'a élevé et instruit au collége de France, où M. Coste m'a accoutumé à manger de la viande cuite, comme il a été constaté dans un rapport fait à l'Académie. J'ai de la littérature ; M. Sainte-Beuve, un peu dégoûté de la jeunesse humaine, à ce qu'il paraît, a fait un joli cours du samedi pour les poissons du collége de France. Nous étions là 80,000 poissons dans des cuvettes, qui avons plus ou moins profité du haut enseignement qui nous était donné. Cette éducation dans les cuvettes nous a profité au moral, mais a nui à notre développement physique. Du reste, c'est le sort commun des savants. M. Sainte-Beuve ne possède qu'une beauté intérieure, et presque tous ceux que j'ai connus étaient à peu de chose près dans le même cas.

» Vous voudriez d'abord savoir, ô bourgeois, comment je me suis introduit dans votre immeuble. A vous dire le vrai, je suis sur ce point presque aussi ignorant que vous-même. Un matin, on nous a portés presque tous dans la nouvelle rivière du bois de Boulogne; de là, quelques-uns ont réussi à passer dans la Seine.

» Les poissons élevés avec moi au collège de France ne manifestaient de moi aucune terreur; il n'en a pas été de même quand je me suis trouvé dans la Seine: là, j'ai rencontré des poissons sans éducation, des poissons sauvages, et je me suis vu incompris et mal apprécié. Il est vrai que je suis le poisson que Lacépède conseillait de ne pas introduire en France à cause de sa voracité, et que ces pauvres diables de poissons, qui n'ont pour guide que leur instinct, ont reconnu l'espèce, sans pouvoir, à cause du peu de culture de leur intelligence, apprécier l'individu et les modifications que l'éducation a pu apporter à un naturel pervers.

» Je suis..... »

» Ici, monsieur le rédacteur, mon hôte le poisson a dit un nom de poisson que je ne connais pas; il m'a semblé entendre quelque chose comme « silure, » mais je ne puis l'affirmer tout à fait.

» Il continua :

» Il est évident qu'à l'état sauvage je ne valais pas mieux que le brochet de vos rivières; mais

M. Coste, à son éternelle gloire, nous a appris au collége de France à manger des côtelettes panées ; M. Sainte-Beuve nous a élevé l'esprit depuis que, suspendant ses autres travaux, il a pu consacrer ses loisirs aux poissons. La terreur de ces imbéciles de poissons n'est pas justifiée ; je me nourris pythagoriquement de végétaux plutôt que de manger du poisson cru, et je vous avouerai que je vis assez mal... Mais votre commissionnaire doit être revenu. »

» Je remontai, monsieur le rédacteur, et je vis en effet que mon portier était de retour ; il n'avait pas trouvé M. Valenciennes chez lui, et il avait laissé ma lettre. Je redescendis donner cette nouvelle au poisson.

» — Je suis impatient de le voir, me dit-il, car j'ai d'assez fortes choses à dire à lui et à ses collègues les pisciculteurs de l'Académie. Le pêcheur Remy a en réalité créé la pisciculture en France ; il l'a réinventée, car il ne savait pas lire, et n'a pas eu la facilité qu'auraient pu avoir ces messieurs, qui ne sont venus cependant qu'après lui, de trouver la chose toute expliquée dans l'ouvrage de Lacépède.

» Eh bien ! le pêcheur Remy s'est conduit honnêtement à l'égard des poissons ; il les a fait éclore, il les a élevés, et, les nourrissant des aliments qui se trouvent dans toutes les eaux, il ne leur a pas cultivé l'esprit, et il les a ensuite lâchés sans inconvénients dans les lacs et rivières.

» Mais ces messieurs du collége de France, qu'ont-ils fait à notre égard? Hélas! ce qu'on a presque toujours fait à l'égard de la jeunesse française, en donnant une éducation exclusivement littéraire à des gens qui, rentrés ensuite dans la vie prosaïque, souffrent et deviennent haineux des besoins qu'on leur a donnés et qu'ils ne peuvent satisfaire. C'est ainsi qu'on abandonne la charrue. Si nous étions destinés à vivre dans les rivières, il ne fallait pas changer nos habitudes et nos mœurs, il ne fallait pas nous orner l'esprit, il ne fallait pas nous créer pour le corps et pour l'âme des besoins désormais impérieux, c'est-à-dire nous accoutumer aux côtelettes panées de M. Coste et à la faconde non moins panée de M. Sainte-Beuve. Certes, nous souffrons d'horribles privations; nous ne mangeons plus de poissons crus depuis que M. Coste nous a fait horreur de cette pisciphagie, et, ne trouvant point de côtelettes panées dans le lit de la Seine, nous sommes réduits à un régime végétal. Je sens que mon estomac se fatigue. Donnez-moi encore un peu de blanc de volaille et un petit coup de ce vieux sauterne.

» — Mais, repris-je après avoir obtempéré aux désirs de ce poisson, vous ne me dites pas comment vous êtes venu dans mon immeuble.

— Sans le faire exprès. Je me suis amusé un moment de la terreur que ma présence causait à l'espèce moutonne des poissons de la Seine; une foule de ces imbéciles s'est précipitée dans un égout, où, je l'avouerai, j'ai ramassé quelques débris de gigot braisé qui m'ont reconforté. Dans cet égout était un gros rat noir qui faisait un trou; moi, j'ai suivi les poissons, tant ça m'amusait de les voir fuir ainsi. Tout à coup, je me suis trouvé ici où je dois un excellent déjeuner à votre hospitalité. Je vous disais donc que j'avais de vifs reproches à adresser à ces messieurs les savants qui nous ont élevés. Qu'allons-nous devenir, moi et ceux qui, comme moi, ne peuvent plus vivre de la vie des poissons? Quelques-uns se désespéreront, d'autres s'insurgeront contre la société, où ils ne pourront trouver leur place. De grandes douleurs particulières, de grands malheurs publics seront la suite des actes légers des savants.

» Nous manquerons de côtelettes panées, nous manquerons de M. Sainte-Beuve, notre existence sera décolorée, mais nous apprendrons à nos enfants à s'en passer, et, au moyen de la science qu'on nous a imprudemment donnée, nous secouerons le joug de l'homme et son injuste domination sur l'empire des eaux.

» Il n'est pas besoin de vous dire, ô bourgeois, que la pêche sera plus que jamais une illusion, que nous apprendrons à tous les habitants des rivières et des fleuves à connaître vos piéges grossiers.

» Si l'on veut éviter ce malheur, il faut que l'on nous réintègre au collége de France, il faut que l'on subvienne aux besoins nouveaux que l'on nous a donnés, il faut qu'on nous rende l'éloquence de M. Sainte-Beuve et les côtelettes panées de M. Coste.

» — Mais, dis-je au poisson, n'aviez-vous pas consenti à rester chez moi?

» — Oui, reprit-il, parce que j'aime le repos. Je ne compte pas me mêler aux événements qui se préparent; la politique m'attriste, et si vous acceptez mes conditions, je rentrerai dans la vie privée.

» — Quelles sont ces conditions?

» — D'abord vous me logerez dans un bocal suffisamment grand; les cuvettes des savants du collége de France sont petites. Il faut reconnaître leur dévouement; ils se lavent peu les mains depuis deux ans pour nous donner une hospitalité généreuse quoique étroite. Je tiens à être logé un peu plus largement.

» Vous me donnerez des côtelettes panées.

» Vous vous abonnerez au *Moniteur*, où je trouverai les articles du lundi de M. Sainte-Beuve, et aussi quelques nouvelles de l'extérieur.

» Si jamais M. Sainte-Beuve reprend son cours au collége de France, vous m'y porterez dans un bocal; vous ferez imprimer un recueil de vers mélancoliques dans le genre de ceux de Joseph Delorme, que j'ai composés depuis que je suis exilé dans la Seine. J'y exprime quelques regrets que je ne crois pas sans éloquence sur la cuvette où j'ai passé mon enfance intellectuelle. Vous...

» A ce moment, monsieur le rédacteur, on frappa violemment à la porte de la cave; tous les poissons s'enfuirent, sans excepter mon nouvel ami. C'était ma famille éplorée, qui venait s'enquérir des causes de mon séjour trop prolongé dans ma cave. Je n'y avais pas séjourné aussi longtemps depuis février 1848, époque où la république nous aurait dévorés, sans notre attitude qui la contraignit à se montrer douce et débonnaire, la pauvrette.

» Je rassurai mes gens, puis je leur communiquai l'étrange aventure du poisson savant; mais quand je voulus le leur montrer, je le cherchai en vain : il avait disparu avec les autres; ils avaient sans doute retrouvé le trou par lequel ils s'étaient introduits. On me traita de rêveur, n'osant me traiter de menteur.

» Pour vous, monsieur, qui avez cru au suicide du caniche, à la poule enragée et aux poissons couvés par des poules, vous ne vous étonnerez que médiocrement de ce qui m'est arrivé, et vous le porterez à la connaissance de vos lecteurs. Cela engagera ceux des propriétaires qui, comme moi, ont trouvé des poissons dans leurs caves, à donner les renseignements qu'ils ont pu réunir, et qui peuvent être d'un haut intérêt pour la science.

» Je suis, monsieur, etc. »

Je maintiens ce que j'ai avancé, que l'arbitraire devient fatalement du Shahabaham.

Néron chanteur, bizarrement accoutré, se fait applaudir sur le théâtre au moyen d'une claque armée.

Caligula fait son cheval consul.

L'arbitraire napolitain obtient en ce genre, aujourd'hui, un succès fou en Italie. Ce système semble être l'exacte parodie de celui du grand Shahabaham. Sa loi contre les chapeaux, celle contre la barbe, celle contre les gens qui se rassemblent et contre les gens qui restent seuls, sa loi sur la bastonnade, etc., dépassent même, au point de vue comique, la fameuse loi du despote des Variétés : « Que tout le monde s'amuse ! Ceux qui ne s'amuseront pas seront empalés ! »

Il y a deux ans, lorsque je pris la résolution de m'en aller, je comptais voir Naples et j'envoyai mon passe-port, dûment légalisé, paraphé, etc., à la légation napolitaine, où l'on refusa tout net de le signer. Sans cela, je pourrais vous donner ici de plus amples détails sur les conséquences de cet arbitraire si évidemment imité de Shahabaham et de Marécot. La *Patrie* et le *Pays* auraient sans doute reproduit ce morceau, dans l'éloquente indignation qui leur inspire de si vives tirades contre le despotisme.

Je ne me suis pas aperçu que le journal l'*Univers*, qui s'est donné la mission de glorifier les jésuites, ait montré un peu de réserve et de modestie dans ses allures, le 1er du mois d'août. C'était l'anniversaire de l'assassinat de Henri III par Jacques Clément (1er août 1589). Il serait peut-être de bon goût et de bonne conduite à la fameuse Société de ne pas faire de bruit et de se faire oublier de son mieux à de pareils anniversaires.

Si c'est par oubli ou par étourderie que MM. Nonotte, Veuillot, Patouillet et Coquille ont gardé leur chapeau sur l'oreille ce jour-là, et leur attitude de croquemitaines dévots, ils ont eu une belle occasion de profiter de nos bons avis le 24 de ce même mois : c'était l'anniversaire de la Saint-Barthélemy (24 août 1572).

XI

MINES NOUVELLES A EXPLOITER

Je signale un grand secours donné par la science à la société inquiète et haletante. — Le mot haletante s'expliquera tout à l'heure.

La société moderne veut de l'or, de l'or, toujours de l'or.

Depuis la découverte des mines d'or de la Californie et de l'Australie, dans un sol ingrat qui ne produit qu'une richesse de convention, puisqu'une autre convention pourrait transmettre la valeur de l'or à des coquillages comme à Otahiti, ou à des morceaux de papier, comme à Paris, à Londres, etc.; — dans un sol ingrat, il s'est donné assez de coups de pioche pour défricher une grande partie des terres incultes, qui seraient devenues une source inépuisable de richesse réelle et vivante.

Eh bien ! la Californie et l'Australie ne suffisent pas à calmer la maladie dont je parlais dernièrement : la soif de l'or.

— *Auri sacra fames,* dit Virgile, l'*oïdium pecuniæ,* l'érysiphe des gros sous, le botrytis de la monnaie.

Des faillites ont lieu en Australie. On se plaint du manque d'espèces en Californie. Ces fleuves, ces mers sont desséchés sous la soif de la société haletante. Par suite de quoi les uns meurent mélancoliquement et pacifiquement de la pépie, les autres vivent enragés. La science a dû s'émouvoir de cet état de choses.

Elle s'est émue.

Elle a signalé des hommes égoïstes, composant une valeur sans emploi, un capital ambulant et cependant improductif.

Ces hommes sont ceux qui ont travaillé longtemps aux mines, ceux qui dorent, ceux qui étament les glaces, ceux qui cisèlent les métaux précieux, et aussi les malades auxquels les médecins ont fait avaler des métaux variés, l'or compris.

Ces hommes, par l'imbibition, par la respiration, par les pores, ont absorbé une certaine quantité de ces divers métaux, et les conservent accumulés sans profit pour eux-mêmes, sans utilité pour les autres, dans divers organes.

M. Vergnès de New-York, s'étant livré à des essais sur la dorure et l'argenture par le galvanisme, avait absorbé une partie des métaux employés, et comme, après tout, l'or ni l'argent ne se digèrent comme des côtelettes, il en résultait pour lui de graves incommodités.

Outre ces incommodités graves, on comprend qu'un Américain devait éprouver une sorte de honte à se voir passé à l'état de capital improductif, de valeur fainéante.

— Eh quoi! se disait-il, je recèle de l'or et de l'argent, et je circule sans profit, sans intérêts. Je suis une mine, je suis un *placer*, ou *potose*. Mes veines sont un Pactole qui roule de l'or. Et je ne suis pas exploité! Je perds les intérêts et les intérêts des intérêts de moi-même. Je me donne mille soucis pour des affaires plus ou moins incertaines, et je suis moi-même une affaire. Les sages grecs l'ont dit: « Connais-toi toi-même. » D'ailleurs, je suis comme les avares: j'arrête la circulation de l'or, j'enfouis des capitaux en moi-même. C'est me voler, c'est voler la société. Je suis un mauvais citoyen, un membre inutile et nuisible de cette société.

Et alors, M. Vergnès, de concert avec M. Poey, de la Havane, a cherché et trouvé le moyen d'extraire l'or et l'argent que le premier contenait. « A peine M. Vergnès, dit le rapport, avait-il plongé ses mains depuis un quart d'heure dans un bain électro-chimique, au pôle positif de la pile, qu'une planche métallique qui se trouvait en contact avec le pôle négatif se couvrit d'une couche d'or et d'argent. » Et M. Vergnès, lui, se trouva guéri, et l'or et l'argent qu'il contenait furent rendus à la circulation.

Une femme disait en voyant une magnifique forêt pleine d'ombrages, de muguet, de chèvrefeuille et de chants d'oiseaux : Quel malheur que ces belles choses soient toujours à la campagne, et qu'il faille quitter Paris pour les voir!

On a dit mille fois qu'il était bien difficile de surveiller l'exploitation des mines. La nature les a assez méchamment cachées loin des civilisés, qui sont si avides de métaux, qui ont l'*oïdium pecuniæ*, l'*auri sacra fames*, le botrytis de la monnaie et l'érysiphe des gros sous, toutes maladies qui ne peuvent se guérir que homœopathiquement par les semblables.

La nature a placé au contraire ces mines sous les pieds des sauvages, qui n'en savent que faire.

Eh bien! une société va se créer par actions pour

l'exploitation des nombreux messieurs qui se promènent sur les boulevards, et qui recèlent, comme M. Vergnès, qui de l'or, qui de l'argent, qui d'autres métaux de moins bonne compagnie.

Tel homme n'a pas cinq sous dans sa poche, qui, incessamment fouillé, trouverait plusieurs louis en se fouillant lui-même. Outre l'immense capital rendu à la circulation et aux affaires, disons plus sérieusement que, si les résultats annoncés sont constatés et réels, MM. Vergnès et Poey auront fait une découverte qui prendra rang parmi les plus belles de la thérapeutique, et apportera une guérison complète à bien des gens qui ne devaient attendre que de la mort la fin de maux insupportables.

XII

LES FASHIONABLES A BON MARCHÉ.
UN PROCÈS A PROPOS D'AUNES, DE JAMBES,
DE MÈTRES ET DE SAUCISSON.
GRAVURES SHOCKING. — PROJET DE LOI
SUR LES JEUX DE MOTS

Il est des états dans le monde qui disparaissent successivement. Bien découper à table a été autrefois un talent qui procurait à son heureux possesseur le double avantage d'être invité aux meilleures tables et d'y manger les meilleurs morceaux.

On ne découpe plus à table, du moins à Paris.

L'homme élégant a joui pendant longtemps d'un grand succès dans le monde. Les conditions du rôle étaient assez difficiles. Elles ont été successivement fort simplifiées. On a remplacé les mains blanches par des gants jaunes; l'esprit, la saillie, la politesse, le savoir-vivre et le tact par « l'air froid » et « l'air anglais; » la « jambe bien faite » par un pantalon bien coupé.

La chose, mise à la portée d'un plus grand nombre, a singulièrement perdu de sa valeur.

Je crois qu'elle va disparaître tout à fait.

Une société s'est formée qui se charge de faire des élégants au prix fixe de 15 fr. par mois.

La société fournit à ses abonnés tant de chapeaux, tant de bottes vernies, tant d'habits et de paletots par an, — le tout conforme à la dernière image du journal des modes.

La société fournit de plus un lorgnon.

Ça n'est pas plus difficile que cela. Vous donnez vos quinze francs par mois, et ça ne vous regarde plus; c'est à la société de faire de vous un dandy, un fashionable, un beau. On paye d'avance, car il pourrait se trouver des gens qui usurperaient et filouteraient un mois d'extrême élégance.

On est instamment prié de renouveler son abonnement avant l'expiration, en envoyant un mandat sur la poste. Faute de ce soin, on s'expose au sort de Cendrillon, lors de ce soir fatal et heureux, où, quittant le bal après minuit, elle se trouva subitement redevenue une souillon.

L'abonnement n'étant pas renouvelé, vous cessez

immédiatement d'être élégant. Plus de paletots ni d'habits coupés sur la dernière image du journal des modes; on vous laisse avec un habit conforme à l'avant-dernière image. Osez ensuite aller dans le monde!

Comme c'est compris! comme c'est intelligent d'avoir ajouté : « Et un lorgnon : » infirmité commode qui vous donne une impertinence facile, qui vous dispense de soutenir le regard d'un honnête homme que vous aurez choqué!

« Et un lorgnon! » On ne dit pas que cet instrument est pour ceux qui ont la vue basse; non, on le donne uniformément à tous les élégants. Cette infirmité fait partie du costume; on met son infirmité comme on met sa cravate.

J'ai quelques raisons d'établir qu'on trouverait dans les *Guêpes* de 1840 :

« *Orgues*. Les grammairiens veulent qu'on dise : un des plus belles orgues. »

« *Orgue*, boîte au moyen de laquelle la police autorise les Auvergnats à moudre des airs par les rues. »

« *Amour*. L'amour naît de rien et meurt de tout. »

Les femmes sont bien loin de savoir jusqu'où va la timidité des hommes.

Voici un des secrets de cette timidité. Certes, je n'ai plus été embarrassé, après trente ans, pour dire à une femme, prise au hasard : « Il a fait beau aujourd'hui, — moins beau qu'hier, cependant, — ou pour répondre à une femme qui m'offre du thé : « Merci, madame, je n'en prendrai pas. »

Mais lorsqu'on rencontre de ces femmes entourées d'une atmosphère qui vous grise tout d'abord; lorsque, conformément au programme arrêté des relations sociales, on ne doit, dans une première et une seconde visite, dire que des lieux-communs et des banalités; lorsque, sachant très-bien que vous devez vous en tenir là, à peine de tomber roide mort sous un regard étonné; lorsque cependant il ne vous vient auprès de cette femme que des idées et des phrases de trentième visite; lorsque, sous ses regards et dans l'air brûlant qui l'entoure, vous sentez fleurir en vous des sentiments d'une primeur exagérée, comme les fleurs dans la serre chaude; lorsque, sachant très-bien que, pouvant tout au plus lui dire qu'elle a une jolie robe, vous êtes forcé de serrer les dents pour empêcher de sortir des paroles comme : « Tu es belle! je t'aime ; » il est évident que vous vous sentez prodigieusement intimidé pendant que vous lui dites : « Il a fait bien froid aujourd'hui. » Vous êtes épouvanté de la musique que vous mettez à ces paroles.

Il n'est pas impossible, dans cette pénible situation, que l'on évite de rencontrer une femme auprès de laquelle on éprouve cet étrange supplice.

Plus une femme est ravissante, plus elle a de beauté, d'esprit, de charme, moins on se décide à lui dire les phrases de programme.

On paraît indifférent, inintelligent; on la laisse pour aller voir des femmes qui ne vous inspirent que des sentiments, et des phrases graduées d'après l'ancienneté de vos relations.

Si l'on me disait à la chasse : « Voici une excellente perdrix, tuez-la, mais vous ne la mangerez que bouillie, — je n'armerais seulement pas mon fusil.

Il y a environ cent ans...

— Ah! je sais ce que vous voulez dire.

— Peut-être.

— 1755. Vous voulez rappeler le tremblement de terre de Lisbonne, qui arriva précisément cent ans avant celui de Nice et celui de Brousse?

— Nullement.

— Il s'agit alors de la publication des deux premiers volumes de l'Encyclopédie, la source de tout mal, selon MM. Veuillot, Rupert, Nonotte, Coquille et Patouillet?

— Non.

— C'est donc à l'exil du parlement que vous voulez faire allusion?

— Pourquoi ferais-je une allusion à l'exil du parlement? Nous n'avons pas, grâce à Dieu ! de parlement qui s'expose à être exilé.

— Voulez-vous alors rappeler que, il y a juste cent ans, la France et l'Angleterre, aujourd'hui alliées, se faisaient une rude guerre en Amérique?

— Pas davantage.

— Alors, ce qui se passa de plus grave il y a cent ans, c'est le commencement de la triste guerre de sept ans amenée par l'Autriche?

— *Di talem avertite casum!* — Dieu me garde de rappeler de pareils anniversaires !

— La prise de Port-Mahon par les Français?

— Cela serait de meilleur augure.

— La bataille de Losowitz, gagnée par les Prussiens moins pacifiques qu'aujourd'hui ?

— Nullement.

— Ah ! j'y suis, vous voulez faire remarquer que les jésuites, chassés il y a près de cent ans, repoussent de toutes parts comme une mauvaise herbe mal arrachée.

— Je n'y pense seulement pas.

— Cela est cependant curieux : chassés d'Angleterre en 1581 et en 1604, de France en 1594 et en 1762, de Portugal en 1598 et en 1759, de Russie en 1717 et en 1817, de Chine en 1753, d'Espagne et de Sicile en 1767, supprimés enfin en 1773 par Clément XIV, qui mourut quelques mois après frappé par la vengeance divine, ils ne s'en portent que mieux aujourd'hui.

— Je ne suis pas si pédant; d'ailleurs, si un pape infaillible les a supprimés, un autre pape infaillible, Pie VII, les a rétablis. — Mais ce que je veux vous raconter n'a pas cette importance. Il s'agit d'un tonneau de bière et de vingt mètres de saucisson.

— Que ne le disiez-vous!

— Que ne me laissiez-vous dire!

— Alors, c'est le conte de Perrault, exagéré faute de pouvoir l'embellir, — trois aunes de boudin.

— Pas davantage.

— Alors commencez votre histoire.

— Elle serait déjà finie si vous ne m'aviez pas interrompu si opiniâtrément.—Il s'agit d'une cause destinée à devenir célèbre et qui va se plaider en Hollande.

Donc, il y a environ cent ans, une demoiselle Wilhelmine Terschelling, de Rotterdam, se promenait à cheval, à la campagne, dans la commune de Boxmeer. Son cheval s'emporta. Un homme qui l'accompagnait et qui devait l'épouser, s'écria qu'il donnerait cent ducats à celui qui arrêterait le cheval.

Les jeunes gens de Boxmeer qui jouaient aux boules ne l'entendirent pas, mais, voyant une femme en danger, ils se jetèrent au devant du cheval furieux. L'un d'eux fut renversé et blessé, deux autres reçurent des contusions; le cheval s'abattit, et la belle Wilhelmine roula dans la poussière en grand désordre. Un jeune homme qui passait par là jeta son manteau sur mademoiselle Terschelling si à propos, qu'aucun des sauveurs de la belle n'eut le temps d'apercevoir le bas d'une jambe admirablement tournée, excepté celui qui le cachait si à propos.

Mademoiselle Terschelling, transportée chez elle, passa quelques jours au lit, où elle réfléchit beaucoup, et voici quel fut le résultat de ses réflexions. Une enquête adroitement faite par une femme à elle lui donna la conviction qu'aucun de ses libérateurs n'avait vu le bas de sa jolie jambe, mais que l'homme au manteau l'avait en revanche énormément vu.

— Il ne peut y avoir au monde en même temps,

dit-elle, deux hommes qui aient vu mes jambes tant que cela.

Elle fit venir son fiancé et lui dit :

— Voulez-vous tuer l'homme qui m'a jeté son manteau ?

Le fiancé s'écria :

— Qui, moi ? Quelle horreur ! etc.

— Je pensais, dit-elle, que vous refuseriez. Alors je vais l'épouser, car, non-seulement il ne peut pas y avoir vivants à la fois deux hommes qui aient vu le bas de ma jambe, mais encore il n'y a que mon mari qui puisse l'avoir vu à ce degré. Au moment où je courais risque de la vie, vous avez offert cent ducats pour me sauver. C'est donc le prix que vous attribuez à ma main. En voici cent vingt-cinq dans cette bourse. Vous aurez fait une bonne affaire.

Elle fit ensuite appeler l'étranger.

— Monsieur, dit-elle, je suis riche, je suis jeune.

Et elle rougit prodigieusement, en ajoutant une de ces périphrases hypocrites par lesquelles une femme parle de sa beauté : « On ne me trouve pas désagréable. »

Elle pensait que cela veut dire : « Je suis belle, » et le renseignement qu'elle savait à ce sujet en possession de l'étranger lui causait une grande confusion.

— Ah! mademoiselle, s'écria l'homme au manteau, votre beauté seule...

— Au nom du ciel! monsieur, pas un mot sur ce sujet, du moins quant à présent. Il s'agit de m'épouser très-vite. Je vois, monsieur, de la surprise sur votre visage... Cette précipitation vous inquiète peut-être. Sachez bien que la seule cause qui me fait vous épouser aussi promptement... soyons franche... la seule cause qui me fait vous épouser est que vous avez vu le bas de ma jambe, et qu'il faut que le plus tôt possible l'homme qui a vu le bas de ma jambe soit mon mari. J'espère, monsieur, que vos bons procédés, dont je saurai me rendre digne, ne me feront jamais regretter un incident qui rend aujourd'hui notre mariage nécessaire. Vous m'avez rendu un grand service, monsieur; sans vous, tous les jeunes gens de Boxmeer auraient vu le bas de ma jambe, et comme je n'aurais pu les épouser tous, je me serais tuée. A propos, monsieur, si, par hasard, vous n'étiez pas libre, ou si je n'avais pas le bonheur de vous plaire...

— Ah! mademoiselle!...

— Taisez-vous! s'écria Vilhelmine devenant toute rouge, taisez-vous, je vous en supplie! Ajournez tout en ce moment ou vous me verrez mourir de honte à vos yeux; je vous disais donc que, si vous ne voulez pas ou ne pouvez pas m'épouser, je donnerais ma main, ma jambe et ma fortune à un homme qui vous tuerait. Acceptez-vous, oui ou non ?

— Oui, mille fois oui!... cent mille fois oui! Et soyez sûre que l'amour seul que m'inspirent vos charmes...

— Mon Dieu! monsieur, comprenez donc la confusion où me jette toute expression admirative.

Le mariage se fit; il fut comme tous les mariages, probablement. Du reste, je n'ai pas à ce sujet de renseignements bien précis.

Tous les garçons de Boxmeer furent priés à la noce et somptueusement traités.

La sage Wilhelmine Terschelling changea son nom en celui d'Eggericks. On assure que lorsqu'elle mourut, aucun autre homme que son mari ne pouvait se vanter d'avoir vu le bas de sa jolie jambe. Cependant elle fut toute sa vie tourmentée de la pensée que tous les jeunes gens de Boxmeer avaient failli le voir, et quand cette pensée lui venait, on la voyait subitement rougir sans cause apparente.

On trouva dans son testament un codicille ainsi conçu :

« Ma ferme, située au bord de la Meuse, restera à jamais, quel qu'en soit le propriétaire, frappée de la servitude que voici : Tous les ans, le 13 mai, des tables y seront dressées, et on y servira à tous les jeunes gens de Boxmeer un tonneau de bière forte et vingt aunes du meilleur saucisson qui se trouvera dans la ville de Rotterdam.

» Cette clause, à peine de déchéance pour celui de mes héritiers qui y manquerait. Le tout en signe de reconnaissance de ce que les jeunes gens de Boxmeer m'ont sauvé la vie, et en réjouissance de ce qu'ils n'ont pas vu ma jambe le 13 mai 1756. »

Jusqu'à présent, c'est-à-dire pendant cent ans, les volontés de la testatrice ont été ponctuellement exécutées. Mais l'héritier actuel a voulu les éluder au 13 mai de l'année dernière. Sous prétexte de se conformer au système décimal, il a donné vingt mètres de saucisson au lieu de vingt aunes, ce qui a constitué au détriment de la jeunesse de Boxmeer une différence de quatre mètres de saucisson.

Pour ne pas faire manquer la fête, on a accepté, « sous toutes réserves, » et dévoré les vingt mètres de saucisson. Mais cette année on plaide, et on a demandé l'urgence, pour que la cause soit jugée avant le 13 mai prochain. Je n'en sais pas encore le résultat.

Me Rowereck doit porter la parole au nom de la jeunesse boxmeeroise.

Je prierai un de mes amis que j'ai en Belgique de me tenir au courant.

A propos de la modestie respectable de feu Vilhelmine Eggericks, née Terschelling, je me permettrai quelques observations à l'adresse de M. Clarckson, membre de la société établie à Londres pour la suppression de l'immoralité, et aussi quelques mots de remercîments à M. l'alderman Homphery, qui a pris, avec un peu de froideur peut-être, mais a pris cependant la défense de la France. Voici en quelle occasion :

M. Clarckson, au nom de la société pour la suppression de l'immoralité, traîne devant M. l'alderman Homphery un marchand d'images qui lui a vendu de petites académies de femmes, hautes de deux pouces environ ; ces petites académies représentant « des femmes dans un état presque complet de nudité. » Jusque-là, M. Clarckson est dans son droit. On pourrait lui objecter que les musées sont pleins de statues et de peintures représentant des femmes extrêmement peu voilées, et que les Anglais nous disputent souvent à grands coups de guinées ceux de ces objets d'art qui se trouvent en vente. Mais néanmoins

M. Clarckson étant membre d'une société établie pour la suppression de l'immoralité, nous ne sommes pas chargé de mettre des bornes à son zèle; nous nous permettrons seulement de le blâmer de ce que, dans l'état d'alliance étroite où la France se trouve avec l'Angleterre, il a saisi, avec un empressement digne de la vieille Angleterre, un prétexte de redire contre nous une des rengaines qui n'étaient de mise tout au plus qu'à l'époque où on appelait en France l'Angleterre « perfide Albion et Carthage moderne, » et où le peuple anglais, de son côté, nous appelait *french dogs*, et pensait que tous les Français étaient maîtres de danse et se nourrissaient exclusivement de grenouilles.

M. Clarckson pouvait très-bien demander les peines qu'il aurait voulu contre le pauvre diable de marchand d'images, sans mettre la France en cause et sans prendre avantage de ce que ces images se vendent librement en France selon lui.

M. l'alderman Homphery lui a répondu que, dans ses voyages « sur le continent, » il n'avait nullement vu qu'on vendît publiquement des images immodestes.

Si nous ne respections pas plus que M. Clarckson l'amitié qui nous unit avec l'Angleterre, il nous serait facile de rétorquer l'attaque et d'établir, par le témoignage de nombreux spectateurs et admirateurs, que les Anglaises sont à peu près les femmes de l'univers qui se vêtissent le moins au bal, au spectacle, au concert, et qui vont le plus loin dans l'usage bizarre qu'ont les femmes du monde

> De se mettre à peu près nues
> Sous prétexte de s'habiller.

Je dis à peu près, car on ne saurait sans injustice refuser le premier rang en ce genre aux dames d'Otahiti, dont toute la toilette se compose d'un collier et de bracelets.

Un arc ne peut être toujours tendu. La science, à laquelle on doit de si grandes découvertes de notre temps, se livre parfois à des délassements et à des récréations qui ne manquent pas de gaieté.

Par exemple, on vient de faire à l'Académie des sciences une comparaison entre l'huître et l'homme, tout à fait au désavantage de ce dernier.

Que fait l'homme des sels calcaires qu'il sécrète?

Il s'en sert pour composer l'émail de ses dents, tandis que l'huître en forme des perles.

Je ne suis pas assez savant pour ne pas trouver encore que de belles dents sont plus belles que des perles, et, si je voulais faire l'éloge des perles, je renverserais la comparaison banale que répètent les versificateurs les uns après les autres : je comparerais les perles à de belles dents de femme.

Après avoir laissé soupçonner qu'il ne partage pas mon opinion sur ce point, le savant qui jase sur ce sujet à l'Académie fait semblant de conserver à l'homme une supériorité qu'il vient de lui contester ; il termine à peu près ainsi :

Il est impossible de méconnaître les liens de parenté qui unissent le potentat de la nature avec l'huître, la moule, le limaçon et l'écrevisse, quelle que soit l'infériorité de ces êtres infimes.

« Couper un cheveu en quatre » est une locution populaire destinée à peindre un travail minutieux, une argutie puérile jusqu'à l'impossible.

La science, qui renverse toutes les idées et tous les préjugés, vient, par l'organe de MM. Laurentius et

Gilbert, de dépasser de beaucoup cette impossibilité de couper un cheveu en quatre.

La science vient de disséquer un cheveu, un cheveu et le bulbe qui lui donne naissance ; elle a compté les nerfs, les artères, les veines, les vaisseaux lymphatiques qui y aboutissent.

Je ne désespère pas de voir se réaliser un jour cette semaine fantastique tant promise aux écoliers, la semaine des quatre jeudis.

Deux projets de loi importants viennent d'être présentés : l'un est relatif à la falsification des boissons ; l'autre à une taxe sur les chiens.

J'ai au moins assez parlé de ce qui fait l'objet du premier projet de loi.

Les mesures sévères qu'annonce le projet, je les demandais précisément comme lui, « au nom de l'intérêt des classes laborieuses, de celui des producteurs et du commerce honnête. » Il serait facile d'en trouver la preuve dans l'appui et les renseignements que m'ont donnés plusieurs négociants et marchands, lors de la campagne que j'ai faite. Tout en applaudissant à l'effort qu'indique le projet de loi, je demande au rapporteur de la commission la permission de rester de mon avis sur un point : c'est qu'il n'y aurait pas besoin de loi nouvelle; il est une loi antérieure à toutes les autres, c'est la loi du bon sens. Dites : « Le marchand qui vole est un voleur, le marchand qui empoisonne est un empoisonneur. »

Le marchand de vin qui vend du jus de sureau pour du jus de raisin est aussi coupable, et coupable du même crime, que le consommateur qui le payerait avec une pièce de plomb qu'il ferait passer pour une pièce d'argent.

L'épicier qui empoisonne sa pratique commet la même action que commettrait la pratique si elle empoisonnait l'épicier.

La seule différence entre les deux actes est que l'épicier se fait donner de l'argent pour cela ; mais il me paraît difficile que cette différence puisse établir une circonstance atténuante en faveur de l'épicier.

On lit dans la *Gazette des Tribunaux* du 6 avril, qu'un sieur Rondin, ayant essayé à diverses reprises de faire accepter une fausse pièce de un franc à un marchand de vins, celui-ci a appelé la garde, l'a fait arrêter, et l'a traduit en police correctionnelle, où Rondin est condamné à un mois de prison.

Supposons un moment, — sans nuire en aucune

façon à la réputation de probité dont très-certainement jouit le marchand de vins en question, — supposons qu'il se trouve dans une des deux catégories admises par M. le rapporteur de la commission :

Ou qu'il soit fraudeur par avidité, — ou que, « honnête s'il était livré à lui-même, *il fléchit sous la contagion de l'exemple* et sous la tyrannie de la concurrence. »

Supposons que le marchand de vins ait versé opiniâtrément du vin falsifié à Rondin, pourquoi Rondin n'aurait-il pas de son côté le droit d'appeler la garde et de faire arrêter son fraudeur ?

Le payement en argent est un échange; pourquoi les contractants n'ont-ils pas la même pénalité en cas de fraude ?

Voici quatre livres de pain qui appartiennent au boulanger qui l'a pétri et cuit. Si je lui prends tout ou partie de ces quatre livres de pain, je suis un voleur, le boulanger crie à la garde, on m'arrête, on me juge et on me condamne comme voleur.

Quand j'ai donné au boulanger la somme convenue en échange de ces quatre lives de pain, qui m'appartiennent comme elles appartenaient tout à l'heure au boulanger, si celui-ci m'en vole une partie, il ne sera pas un voleur, il sera un vendeur à faux poids, et il sera puni beaucoup moins que moi. Cependant son action ne sera pas équivalente, ce qui suffirait pour rendre les peines identiques : elle sera complétement la même : non-seulement il me vole une valeur d'un peu, comme je lui volais un peu tout à l'heure, mais encore je lui volais un morceau de pain, et il me vole un morceau de pain du même poids.

Comment son délit serait-il moindre que le mien?

Pourquoi une loi sur la sophistication des boissons? Il en faudra alors une sur l'altération des aliments solides? et pourquoi pas alors une sur la sophistication de la viande, et une sur la sophistication du beurre? Et, une fois là, trouvez une raison pour qu'on ne fasse pas une loi sur la vente du veau à faux poids, et une sur la vente du mouton à faux poids, et une sur la vente du bœuf, etc.

Et une pour la sophistication du beurre frais, et une sur la sophistication du beurre salé, etc.

La chose achetée appartient à l'acheteur, comme elle appartenait au marchand avant l'achat. Celui qui en prend une partie à l'autre, que ce soit le marchand ou l'acheteur, est également un voleur; il vole la même chose et la vole de la même manière.

Pourquoi une nouvelle loi?

N'admettez pas ces synonymes ou ces pseudonymes de vente à *faux poids* ou de *sophistication*.

Dites : « Le vol est l'acte de celui qui prend tout ou partie de la chose d'autrui. »

Et appliquez au marchand qui me vole ou m'empoisonne la pénalité qui me serait appliquée si je volais ou empoisonnais le marchand.

Je serais honteux d'insister autant sur une question aussi simple, si je n'avais le souvenir de l'énorme quantité de papier que j'ai noirci à ce sujet depuis quinze ans, si inutilement que je ne puis me dispenser de saluer courtoisement M. le rapporteur et son rapport, malgré les objections que je prends la liberté d'y faire.

Le second projet de loi, je l'ai dit, est relatif à une taxe à mettre sur les chiens.

Cette taxe serait de 1 à 10 fr.

Il y a dix ans, on agitait cette question au conseil général de Saône-et-Loire. On parlait de cette taxe comme d'un moyen de diminuer quelque peu les quatre millions de chiens que possède la France.

— Pourquoi les proscrire? dit un grand écrivain et un grand homme qui y assistait; les chiens valent bien les hommes.

Il y a de cela dix ans. L'homme en question a fait

depuis une trentaine de millions d'ingrats parmi les hommes : — j'espère que ses jolies levrettes se sont mieux conduites.

On a, à diverses reprises, repoussé ce projet de taxe avec beaucoup moins d'esprit et au moyen de quasi-pleurnicheries à l'égard de cet ami de l'homme.

Mais si le chien est l'ami de l'homme, l'homme doit être l'ami du chien.

Un véritable ami vaut bien la peine qu'on paye la possession d'un sacrifice qui varie de un à dix francs.

Je ne rapporterai pas les exemples fréquents où cet ami a prouvé qu'il aimait son ami comme on aime le beefsteack, je ne citerai aucun de ces déjeuners d'anthropophages *quorum pars magna fui*.

J'admets que le chien est votre ami, votre bon, votre meilleur, votre unique ami, et vous trouvez féroce la loi qui veut que vous donniez un franc pour le conserver ?

Que direz-vous alors de vous même, qui jetez de si hauts cris qu'on croirait que vous n'êtes pas tout à fait décidé à vous imposer ce sacrifice ? Votre ami place bien mal son amitié.

Mais il ne s'agit pas de détruire le chien, ni même de méconnaître ses hautes qualités, ce qu'il importe d'établir, c'est une garantie que les gens qui ont des chiens leur donneront à boire et à manger.

Savez-vous combien de personnes meurent enragées en France, année commune, par suite de la morsure des chiens? les uns disent deux cents, les autres beaucoup plus.

Je ne vous ferai pas ici une description de la rage; je défie l'homme le plus brave d'y penser une minute sans se sentir froid sur les os. Tenez, aujourd'hui, au moment où j'écris ces lignes, voici ce que je lis dans un journal. Cela sera d'ailleurs dans le *Siècle* de demain, si ce n'est dans celui d'aujourd'hui, que je n'ai pas encore lu. Cela s'est passé il y a quelques jours. Un chien enragé mord un enfant, l'enfant mord sa mère, celle-ci mord son second enfant. Tous trois meurent dans les tortures que vous savez.

Si vous aimez les chiens, si vous aimez votre chien, payez la taxe, mais ne vous opposez à rien de ce qui tend à diminuer les chances de ces épouvantables accidents.

XIII

DE L'INTRODUCTION DE QUELQUES MOTS
NOUVEAUX DANS LA LANGUE FRANÇAISE.
L'ART DE COUVER LES ŒUFS DE POISSONS.
UN CORDON BLEU.

J'ai souvent entendu des étrangers et même des Français dire d'un air capable : « La langue française est pauvre. »

La patience m'a échappé une seule fois, et m'a fait répondre : « Oui, pour les gens qui ne la savent pas. »

Je me figure Robinson après avoir fait le tour de son île, disant : « Le monde n'est pas grand ! »

Ou bien un pauvre diable tirant de sa poche une poignée de gros sous et disant : « La monnaie est laide en France, elle ne se compose que de pièces de cuivre oxydées. »

Certes, il est impossible que la langue la plus claire entre toutes les langues, celle qui a servi à traiter les sujets les plus divers, une langue surtout par laquelle sont mises sans cesse en circulation les idées nouvelles, ne soit pas une langue riche. On a dit, avec quelque apparence de raison cependant, qu'il manquait à la langue française un élément de richesse que possèdent les langues grecque, allemande, et probablement plusieurs autres que je ne connais pas : c'est la faculté de faire des mots composés. Jusqu'à ce qu'on me présente une idée que la langue française ait été impuissante à exprimer clairement, je maintiendrai qu'on n'est pas pauvre pour ne pas frapper soi-même sa monnaie, mais que cette faculté doit donner à la langue qui la possède une certaine originalité, une certaine individualité qui peut s'étendre du ridicule à la grâce, en passant par toutes les nuances intermédiaires.

La langue française est une langue qui ne donne pas droit de bourgeoisie aux premiers venus d'entre les mots ; c'est plutôt le signe d'une langue qui se sent assez riche. C'est une ville sans peuple, comme Rome naissante, qui peut ouvrir un asile aux vagabonds.

Ce que je veux faire aujourd'hui, c'est au contraire d'appeler l'attention sur certains mots nouveaux trop facilement adoptés, selon moi, ou mal composés ; sur la manie d'enrichir la langue française, qui est survenue à trop de gens.

J'ai *levé* il y a longtemps le ridicule de la quantité de mots anglais adoptés relativement aux courses de chevaux. Ce ridicule, *lancé* il y a quinze ans, est aujourd'hui chassé par d'autres ; il tient tête, mais il disparaîtra. C'est une petite maladie que subit la langue française.

Exemple :

« Il y a eu un *steeple-chase* après le *derby* de Chantilly. Les *gentlemen riders,* les *sportmen,* les membres du *Jockey-Club,* toute la *fashion* étaient sur le *turf* comme à un *raout.* La plupart étaient vêtus de *twines* et de *mackintosh,* et suivis de leurs *grooms* menant à la main les *race-horses.* Les *dandys,* le *stud-book* à la main, réglaient leurs paris, — *goodwood cap.* Les *grooms* se préparaient au *handicap* au moyen de quelques verres de *grog,* de *brandy* et de *bishoff.* On dit qu'il était venu du monde de fort loin par les *rail-ways* et les *steamers.* Les paris étaient engagés en faveur des chevaux français : *Little-Jenny, Fallow-me-lads, Welcome-monarchis, Miss-Surplice,* et surtout *Ploughboy,* etc. »

Il serait plus simple de parodier le mot de Charles-

Quint et de décider qu'on ne parlera du cheval qu'en anglais.

Je le veux bien, surtout s'il s'agit de l'invention anglaise, de ce cheval mal fait, ridicule, efflanqué, inutile, absurde, composé de deux profils de cheval, appelé cheval de course. Par ce moyen je n'en entendrai plus parler. On n'enrichit pas une langue en en parlant mal une autre.

Les coiffeurs français sont devenus un peu trop savants, ils ont abusé du latin et du grec; ils auraient pu imiter l'exemple de Figaro, qui n'avait appris de l'anglais que le fond de la langue, *goddam!* Eux ont fait un odieux mélange de ces deux langues qu'eux seuls parlent aujourd'hui. La pommade *mélaïnocome*, les *philocomes*, les *comophiles*, les huiles *céphaliques* et *philocéphales*, les *idem comogènes* ont enrichi la langue française d'une assez pauvre manière.

Les savants se sont peut-être un peu trop émus des succès obtenus par les coiffeurs, et ils se sont mis de leur côté à enrichir la langue française.

Que les sciences spéciales aient chacune sa langue que puissent parler entre eux les savants qui les pratiquent, je le veux bien; qu'ils fassent de chaque science une île escarpée, et non pas entourée de ces belles haies vives, de ces haies odorantes d'aubépine, d'églantiers, de chèvrefeuilles; qu'ils mettent au contraire des tessons de verres ou de bouteilles cassées sur les murs, cela se comprend : le médecin malgré lui de Molière ne parle latin qu'après s'être assuré que les auditeurs ne le comprennent pas. Les savants, s'ils ne l'avouent pas, savent au moins ceci : c'est qu'ils auraient eu de terribles humiliations s'ils avaient risqué, en langue vulgaire, sur des sujets connus, la centième partie des choses drôles et des erreurs qu'ils ont dites et professées en langue sacrée sur des choses inconnues.

La chimie a sa langue, assez bien faite, du reste; la botanique en a une ridicule. Que dis-je? elle en a trois, également laides et désagréables. Que ces messieurs parlent ces langues entre eux si cela les amuse, je n'y vois rien de dangereux, de même que, si messieurs les coiffeurs et droguistes ne parlaient grec et latin qu'entre eux, cela n'aurait nul inconvénient; mais le tort est de vouloir tirer de leurs divers argots et introduire clandestinement dans la langue française des mots mal faits. Je disais tout à l'heure que l'on n'enrichit pas une langue en en parlant mal une autre; j'ajouterai qu'on n'enrichit pas sa bourse en y glissant des jetons et des sous de Monaco.

Les savants qui pratiquent l'agriculture en semant

des chiffres sur du papier arrosé d'encre, ont fait de leur mieux pour nous imposer des mots composés, très-mal faits.

Des mots composés devraient se faire par la réunion de deux ou de plusieurs mots déjà connus, ayant chacun un sens précis, de telle façon que la réunion en produirait un sens également clair. Qu'un Latin, voulant parler des vignerons, vous dise : les viticoles (*viticolæ*), cela se comprend ; il appelle la vigne *vitis*, il dit *colere* pour cultiver, *viticolæ* est un mot parfaitement clair. Il suffit de savoir les deux mots simples pour comprendre le mot composé.

Mais nous qui appelons l'arbre au raisin : vigne, il nous faudrait dire vignicole pour être clair, ou c'est un nouveau mot à apprendre qui perd les avantages des mots composés.

Du mot jardin, dont le sens est clair, on a fait jardinier et jardinage, qui ne le sont pas moins.

Mais horticulteur et horticulture sont un embarras, si nous n'avons pas le mot simple. A la bonne heure, si on avait gardé le mot *hortillon*, qui existe, je crois, à Amiens.

Il y a pour précédent : agriculteur et agriculture, qui sont deux beaux mots. Mais il aurait fallu adopter le mot *agre* pour *champs* ; de même qu'il est ridicule de ne pas avoir *potent* quand on dit *impotent*, et *pudent* quand on a *impudent*, puisque vous avez *prudent* et *imprudent*. Du mot *piscis* des Latins, on a fait le mot français *poisson*. Vous voulez exprimer l'art de faire naître et d'élever des poissons, le mot *culture* est acquis à la langue française, il fallait dire *poissonniculture*. Tout le monde l'eût compris.

Il en est de même de la *sériciculture* et de cent autres mots nouveaux auxquels l'oreille est déjà habituée, ce qui fait paraître bizarres des mots mieux composés. Mais, pour la partie de l'agriculture qui regarde les animaux, voulant parler de l'espèce du cheval, on dit naturellement l'espèce *chevaline*; vous acceptez ce mot qui est clair, vous seriez choqué d'entendre dire l'espèce *équine*; eh bien! ce serait un mot pareil à espèce *ovine* et à espèce *bovine* qui sont admis. Rien n'empêcherait, dans les emprunts de la langue française à la langue latine, d'appeler la brebis *ove* et le bœuf *bos* ou *bove*. Mais puisque vous avez fait mouton et bœuf, quand vous voulez former un adjectif de ces noms, il faut procéder comme auraient fait les Latins, ajouter au mot usuel une terminaison qui exprime l'adjectif. Espèce *moutonne*, espèce *beuvine*, auraient composé logiquement les nouveaux mots, comme on a fait pour espèce chevaline et espèce porcine, qu'on n'a pas appelées espèce *équine* et espèce *suine*.

Le mot galline, pris de *gallus* et de *gallina*, était un mot français beaucoup plus joli que poule emprunté à *pullis*, qui n'a pas le même sens. Il fallait conserver le mot de galline encore en usage dans le Midi, si vous vouliez appeler l'élève des poules gallinoculture. — L'apiculture est un bon mot quand on appelle les abeilles *apes*, comme aviculture quand on appelle les oiseaux *aves*. Mais ce sont des mots mal faits en français, car je répète qu'un mot composé ne doit rien laisser à apprendre ni à deviner. De la réunion de deux sens clairs doit résulter un troisième sens précis.

Mais beaucoup de gens espèrent produire, en se servant de mots qu'ils ne comprennent guère, un grand effet sur l'esprit de ceux qui ne les comprennent pas.

Je réponds d'avance à une objection qu'on ne manquerait point de me faire si je ne la prévenais pas.

La langue française renferme en elle un assez grand nombre de mots composés dont elle n'a pas le simple, ou du moins dont le simple est tombé en désuétude, ou encore dont le simple est différent. Je réponds que c'est là une imperfection ; que ce n'est pas à ses imperfections que la langue française doit sa propagation, et qu'il n'y a aucune raison d'en augmenter le nombre.

Cela dit, je m'arrête pour ne pas causer de *tædium* à mes lecteurs : ce mot est une imitation d'une phrase lancée ces jours derniers par un journal (la *Patrie*). « Cet homme d'État manquait de *pectus*. » Cette façon de parler est bizarre, mais n'est pas nouvelle.

Nous mettions, au collége, sur la première page des livres classiques, une menace en vers qui doit faire reporter aux écoliers de ce temps-là toute la gloire de ce genre de locution : « Manquer de *pectus*. »

Adspice Pierrot pendu,
Quia librum n'a pas rendu ;
Si librum reddidisset,
Pierrot pendu *non fuisset*.

Certes, je suis loin de repousser de très-beaux mots composés anciennement, empruntés au grec et au latin, mais j'aurais voulu qu'on prît alors le mot simple en même temps que le mot composé.

Philosophie est un très-beau mot — ami de la sagesse — mais on n'a pas accepté *sophie* pour de la sagesse, et de *philos* (ami) on a fait *filou* — ce qui très-souvent n'est pas vrai.

Notez bien, je vous prie, que je ne demande en aucune façon que l'on change ou que l'on réforme quoi que ce soit au monde, en fait de langage du moins, tant qu'on me permettra de parler et d'écrire comme je l'entends, — grammaticalement du moins, — et de ne lire que ce que je veux.

Quand on n'a entre les mains, pour la défense et pour l'attaque, qu'un pistolet rongé de rouille, qu'on sait bien n'être pas chargé et n'avoir pas de chien, il serait sage et spirituel de se contenter d'en présenter la gueule aux gens d'un air formidable et menaçant; mais il n'est ni sage, ni spirituel de le tirer, et de mettre ainsi ses adversaires dans le secret de la détérioration et de la ruine de ses armes.

Certains prélats avaient menacé le Piémont d'excommunication; quelques-uns, plus maladroits que les autres, ont tiré d'avance, et l'excommunication n'est point partie. Ils avaient expliqué que tous ceux qui coopéreraient directement ou indirectement, de près ou de loin, à la loi des couvents, que ceux qui ne s'opposeraient pas à son exécution, etc., que leurs parents, alliés, amis, etc., seraient excommuniés *ipso facto*.

Mais le soleil ne s'est pas voilé, la terre a négligé de s'entr'ouvrir, la grêle n'a pas haché les moissons.

Loin de là, les campagnes du Piémont étaient, il y a quelques jours, couvertes d'une moisson ondoyante de blé mûr déjà rentré dans les greniers.

Le maïs est magnifique, la maladie de la vigne diminue. Jamais, depuis bien longtemps, les oliviers n'ont annoncé une récolte aussi abondante; de nombreux troupeaux de grands bœufs traversent le pays.

Cette situation rappelle celle de Henri IV de France, qui disait un jour à un de ses compagnons d'armes :

« — Mais d'où vient qu'à cette heure que je suis roi de France paisible, et que j'ai toutes choses à souhait, je n'ai point d'appétit, et qu'en Béarn, où je n'avais pas de pain à mettre sous la dent, j'avais une faim enragée?

» — C'est, lui dit le maréchal de Roquelaure, que vous étiez excommunié; il n'y a rien qui donne tant d'appétit[1]. »

---

[1] Mémoires du temps.

Un journal terminait une historiette par cette moralité :

« Ceci semble prouver que, chez les animaux comme chez les hommes, il n'est pas d'êtres foncièrement méchants. »

Chez les hommes aussi ? Ce journal confondait les hommes et les abonnés, et il ne voulait se mettre mal avec personne.

Quoique n'étant pas excommuniée en masse, mais renfermant un certain nombre de gens qui le sont, au moins par les bedeaux de l'*Univers*, la France, d'après une feuille optimiste, va faire une bonne année : « Les prairies naturelles *promettent* un foin menu, succulent, aromatisé. »

Permettons-nous ici, tout en acceptant avec joie l'heureux pronostic de l'agronome de cette feuille, d'émettre quelques doutes que nous serons enchantés de voir résoudre dans un sens favorable.

Les prairies naturelles peuvent *promettre* un foin abondant; les pluies et certaines conditions de la température suffisent pour faire cette promesse, et même pour la tenir.

Mais pour ce qui est d'un foin menu, succulent,

aromatisé, c'est une autre affaire. Le foin, cette année, sera menu et aromatisé comme les autres années dans les prairies composées de certains fourrages, et dont on aura arraché certaines herbes en les sarclant. Il n'y a rien là à constater de nouveau, ni qui appartienne à la présente année plus qu'à celles qui l'ont précédée et à celles qui la suivront.

Cette description de l'objet d'une espérance me rappelle ce que disait un jour mon matelot, Pierre Buquet, à Gatayes, qui lui avait donné un cigare :

« — Oh! monsieur Léon, quel fameux cigare! ça garde sa cendre jusqu'à la fin, et une cendre blanche comme l'écume de la mer ; du moins, je le suppose, car je compte ne le fumer que dimanche prochain. »

Si le journal en question nous paraît s'être laissé un peu entraîner par ses heureuses espérances et ses honnêtes désirs, il montre, en revanche, beaucoup de modération dans les conséquences qu'il tire de ses remarques, c'est que « plus on aura d'herbe, plus on pourra nourrir de bestiaux. » Ce mot eût semblé profond à M. de La Palisse.

La manière de multiplier le poisson, selon un autre journal, n'est pas aussi nouvelle qu'on le pense.

Dans un recueil imprimé en 1825, on trouve la description du procédé.

MM. Coste, Valenciennes et autres pêcheurs qui font des poissons au collége de France, savent comme moi, mais ne l'ont pas autant dit, que Lacépède avait fort clairement décrit le procédé dans un ouvrage qui a été publié de 1789 à 1803. En 1825, il était mort, après avoir, dit M. Bouillet[1], « adopté les principes de la révolution en 1789, et s'être montré en toute occasion dévoué aux volontés de l'empereur Napoléon. »

Mais il faut avouer que, à moins que ce n'eût été la volonté formelle de l'empereur Napoléon, qui n'y pensa pas, Lacépède n'aurait jamais donné ce procédé, publié, dit le journal précité, en 1825. Voici le procédé :

« Les pêcheurs chinois recueillent le frai de poisson ; ils en remplissent des coquilles d'œufs de poule, qu'ils ont vidés d'avance ; ils en ferment l'ouverture, et les mettent sous un oiseau qui couve. Quand il est éclos, on le met dans l'eau. »

En effet, il faut bien finir par mettre les poissons dans l'eau, tôt ou tard.

---

[1] Bouillet, *Dictionnaire universel*, 978.

Le savant qui publie ce procédé a oublié quelques détails intéressants que je suis heureux de pouvoir fournir.

Ces poissons naissent avec un léger duvet qui, plus tard, se change, soit en écailles, soit en plumes; certains bonzes ne permettent pas de manger de ces poissons aux jours où on doit faire maigre; ils ont, en effet, un arrière-goût de chapon tout à fait agréable; on est dans l'usage de les truffer.

Rappelons, pendant que nous sommes sur les poissons et sur les inventions moins nouvelles qu'on ne le pense, que ce même Lacépède a désigné par leurs noms les divers poissons que le savant M. Valenciennes a imaginé récemment d'introduire en France, qu'il a également indiqué les lieux où ils se trouvent et les moyens de transport.

Il est vrai que M. Valenciennes, à la liste des poissons désignés par Lacépède, en a ajouté un dont le même Lacépède parle également, mais en conseillant de ne pas l'amener, parce que c'est un grand destructeur de poissons, un animal vorace à la manière du brochet, etc. Nous le possédons aujourd'hui, grâce à M. Valenciennes.

On ne peut pas non plus se traîner servilement sur les traces de ses devanciers. Que M. Valenciennes exécute ce que Lacépède n'avait fait qu'indiquer, ce n'est pas une raison pour qu'il n'imagine pas aussi quelque chose. Nous lui devons un rival du brochet; si ses efforts, comme je n'en doute pas, sont couronnés de succès, non-seulement nous aurons ce poisson, mais bientôt nous n'aurons plus que lui.

Lacépède, qui était un vrai savant, ne s'en est pas tenu à la science, comme l'a fait depuis M. Leverrier, dont le bagage scientifique n'est pourtant pas aussi considérable. Homme à la fois d'ordre et de progrès, il adopta les principes de la révolution, mais il apporta le même dévouement à l'ordre des choses qui remplaça celui auquel il s'était d'abord dévoué. Voilà pour le civisme.

Pour ce qui est des qualités privées, il était excellent époux. Ayant eu la douleur de perdre une épouse chérie, il reçut du ciel le bienfait de trouver dans ses études à la fois une distraction et une consolation à sa douleur.

Plus il étudia le poisson qu'il avait découvert, plus il s'aperçut qu'aux dons physiques qui séduisent, il joignait tous les dons du cœur et de l'esprit qui attachent. Il donna à ce poisson le nom de sa femme, et on ne peut pas lire sans attendrissement l'éloge qu'il en fait dans son histoire des poissons. C'est de ce poisson que Marécot et Triste-à-Patte auraient pu dire avec plus de vérité que de leur ours : « C'est un poisson comme on n'en voit guère. »

A cette découverte, — l'art de faire couver des œufs de poissons par des poules, — ne pourrait-on en ajouter une autre, en renversant le procédé, et faire couver des œufs de poules par des poissons? Du reste, c'est peut-être ancien aussi, et qui sait si ça n'a pas été imprimé également en 1825? C'est peut-être à un essai de ce genre que nous devons les poules d'eau.

Un peu trop souvent peut-être, dans le drame et dans le roman, on nous présente ce que les peintres appellent des ponsifs, d'honnêtes gens tout d'une pièce et des scélérats sans mélange. Anges et démons, il n'y a rien de si rare que les gens entièrement bons, si ce n'est peut-être les gens tout à fait mauvais. Je pense que les hommes sont un assemblage de bonnes et de mauvaises qualités à peu près en densité et en nombre égaux. C'est une ou deux qualités dépassant ce mélange qui, selon qu'elles sont bonnes ou mauvaises, constituent l'honnête homme et le coquin.

C'est ce qui fait la faiblesse des gens forts, mais bons, à l'égard de ceux qui sont mauvais. On ne les craint pas assez pour les haïr, et la force entraîne avec elle un sentiment de justice qui fait que vous ne pouvez faire comme les gens faibles, qui font toujours de ceux qu'ils redoutent le scélérat tout d'une pièce du mélodrame, le haïssent en proportion et se défendent sans hésitation.

J'aime assez les méchants, — j'entends les vrais, car on appelle le plus souvent méchants les gens qui ne vous permettent pas de l'être contre eux à votre fantaisie, — j'aime assez les méchants : ils ne m'ont jamais fait grand mal. Aussitôt qu'on les voit on se met en défense, et, au besoin, on ne se fait pas trop de scrupule d'engager le combat et de frapper le premier, par une sorte de représaille préventive. Ceux qui m'ont fait du mal dans ma vie, — et il est juste de dire que je m'en suis fait moi-même beaucoup plus que tous les autres ensemble, — ceux qui m'ont fait du mal étaient des gens qui n'étaient qu'un peu plus méchants que bons, et contre lesquels je ne pouvais me mettre en défense qu'après avoir reçu les premiers coups.

Si vous passez par un chemin où vous êtes averti qu'il y a des loups, de vrais loups, faisant honnêtement et ouvertement profession de loups, il n'y a pas grand danger; vous partez armé comme une forteresse ou un vaisseau de haut bord; vous marchez au milieu de la route, l'œil et l'oreille au guet.

Mais les chiens hargneux, voilà où est le danger! Vous traversez un jardin, un chien vient à vous, sa mine vous est suspecte. Vous avez un bâton, et, après un séjour de quinze ans en Normandie, la manière de vous en servir. Eh bien! cela vous laisse sans défense; il vous faut attendre que le chien, que cet ami vous ait mordu, sans cela vous passerez et avec quelque raison, pour un brutal.

Je savais ce que je faisais, et ce n'est pas à vingt ans, mais à quarante, — que j'ai mis cette devise sur mon cachet : « Je ne crains que ceux que j'aime. »

Je rencontrai l'autre jour un homme de ma connaissance qui me dit, en m'abordant et me présentant une main fermée : « Pair ou non. — Non, » répondis-je.

Il ouvrit la main et me montra trois pièces de monnaie.

— J'ai gagné, dis-je. Maintenant, dites-moi ce que j'ai gagné.

— C'est moi qui ai gagné, me dit-il, car il s'agit de savoir lequel de nous deux invite l'autre à dîner. Vous gagnez le dîner, et moi le plaisir de vous l'offrir. Il est six heures, partons.

Je lui pris le bras et me disposai à traverser la rue.

— Où allez-vous?

— Mais, chez vous.

— Chez moi, non pas. C'est précisément pour ne pas dîner chez moi que je vous ai abordé. Nous allons entrer dans ce bon cabaret d'en face qui est très-bien; mais attendez que je donne à un commissionnaire cette lettre que j'ai emportée toute écrite de chez moi; elle est adressée à Charles.

— Votre domestique?

— Justement. Je l'avertis que je ne dîne pas à la maison, qu'il ne m'attende pas et ne me garde rien.

Au point du dîner où l'on recommence à parler, je dis à mon convive :—Je pense malgré moi à quelque chose de bête, à vous faire une question saugrenue et peut-être indiscrète.

— Ne vous gênez pas.

— Pourquoi avez-vous fait chez vous, ce matin, une lettre que vous avez envoyée ensuite à votre domestique, au lieu de lui dire simplement ce que vous vouliez qu'il sût?

— C'est que je n'osais pas. Voici l'affaire : quand j'ai quitté le service, il y a six mois, j'ai racheté deux années que Charles, mon chasseur, avait encore à faire sur son troisième engagement. Nous étions si habitués l'un à l'autre que nous ne pouvions plus nous séparer.

— « Monsieur, me dit-il, je sais le chiffre de votre retraite et celui de votre patrimoine ; nous ne serons pas bien riches, car je veux que vous gardiez votre cheval et que vous ayez toujours votre belle tenue de lieutenant-colonel. Il y a un an que j'apprends la cuisine d'un camarade dont c'était la profession avant qu'il vînt ici ; je me crois maintenant aussi fort que lui. Vous n'aurez pas besoin d'avoir d'autre domestique que moi. » Nous nous sommes installés, et tout va le mieux du monde. Seulement, il faut que le professeur de cuisine de Charles soit un affreux gargotier. Vous ne pouvez imaginer les brouets incroyables qu'il me fait manger. Au bout de quelques jours, je lui dis : — « Charles, tu as trop d'ouvrage, prends une cuisinière.

— » Mon colonel veut-il dire que je fais mal la cuisine?

— » Non, mon bon Charles, tu fais certainement fort passablement la cuisine pour un vieux soldat, mais, cependant...

— » Mon colonel ne peut pas prendre de cuisinière; il faudrait alors supprimer le cheval. Mais si mon colonel ne trouve pas ma cuisine bonne, je m'en irai; je ne veux pas être chez lui une bouche inutile. » Je sais mon homme résolu, et je lui dis : — « Ta cuisine est excellente ; mais j'aimerais peut-être mieux manger au restaurant.

— » Mon colonel ne peut pas manger au restaurant; il lui faudrait supprimer sa stalle aux Italiens. Mais sérieusement, si ma cuisine ne plaît pas à mon colonel, il vaut mieux que je m'en aille, après lui avoir trouvé un bon domestique qui puisse tout faire à son gré.

— » Allons donc, Charles! tu sais bien que tu ne peux pas me quitter?

— » Alors que mon colonel ne change rien à ses habitudes. »

Le lendemain, il me servit le plus infâme fricot que j'aie jamais mangé, même en campagne, et il me le servit d'un air triomphant.

— « Mon colonel ne mange pas? me dit-il un peu après.

— » Je n'ai pas très-faim.

— » Mon colonel ne trouve peut-être pas son diner bon?

— » Si vraiment; mais je n'ai pas d'appétit.

— » C'est que j'ai fait de mon mieux, et si mon colonel ne trouve pas ce plat bon, il vaut mieux que je retourne au régiment.

— » Je le trouve excellent.

— » Très bien. »

Et Charles me servit, le lendemain, le même plat réchauffé.

— » Mon colonel l'a trouvé bon hier; j'espère qu'aujourd'hui il a meilleur appétit. »

Or, cette scène s'est renouvelée plusieurs fois, et, en ce moment, il y a à la maison une certaine langue aux fines herbes qui doit faire aujourd'hui sa troisième apparition. Il fallait la manger ou dîner dehors, bien malgré moi, avec un ancien ami, un camarade de régiment que j'étais décidé à rencontrer, et dont vous jouez le rôle.

Nous avions fini de dîner, le colonel me dit : — « Laissez-moi sortir seul; Charles est à la porte qui m'attend; je viens de le reconnaître à travers les vitres. Il se défie de quelque chose, et il sait très-bien que vous êtes un pékin. Moi sortant seul, il ne saura pas qui j'ai laissé ici, et avec la carte je lui ferai bien voir que nous étions deux.

— Adieu donc, colonel, n'oubliez pas que vous avez été forcé d'accepter à dîner pour demain chez moi.

— Très-volontiers ; il faut décourager tout à fait cette langue de Damoclès. Si, par hasard, il me l'avait gardée pour demain, je n'aurais gagné avec toute ma stratégie que de la manger encore plus mauvaise. J'ai bien un moyen en pareil cas, mais j'en ai usé il y a quatre jours pour une certaine blanquette de veau. Je me suis levé pendant la nuit et je l'ai jetée par la fenêtre, puis je lui ai dit que j'avais été pris d'une faim canine, et que j'avais tout dévoré.

XIV

ÉDOUARD OURLIAC. — PÉTITIONS MODÈLES. LA FAUSSE CONCURRENCE. — ÉPICIERS ET BOULANGERS.

Ourliac était preste et agile d'esprit comme de corps. Petit, mais bien fait, souple et leste; malicieux et taquin, sa conversation comme ses gestes faisaient involontairement songer à l'Arlequin de la comédie italienne, cette première incarnation du singe fait homme.

Quelques-uns de ses amis projetaient un voyage en Suisse. Ourliac, retenu par quelques affaires, n'avait pu partir avec eux, mais avait promis d'aller les rejoindre à Lauzanne. Quand il fut libre, il songea qu'il allait beaucoup s'ennuyer, en parcourant seul cette longue route. Il chercha un compagnon; mais il lui eût semblé vulgaire de prendre un homme aimant les voyages et ayant envie de voir la Suisse. Il avisa un Irlandais qui était connu pour son horreur de la locomotion et qui prétendait n'avoir pas assez de toute sa vie pour se reposer d'être venu quinze ans auparavant de Dublin à Paris. Ourliac l'entoura pendant huit jours de soins, de flatteries, de piéges de tous genres.

Il l'écoutait dire des choses ennuyeuses pendant des heures entières, et lui faisait répéter des histoires que personne ne lui avait jamais laissé finir. — Il demandait des conseils. Quand il le crut suffisamment préparé, il hasarda sa proposition. — L'autre refusa net. Ourliac s'y attendait. L'Irlandais objecta qu'il n'était plus assez jeune pour les voyages. — Ourliac s'extasia sur sa fraîcheur, sur son teint, sur sa vigueur; il feignit d'avoir la main broyée sous la pression amicale de l'Irlandais. — Autre objection, fit-il. Je n'aime qu'une chose, le jeu de piquet, et, cependant, j'y suis horriblement malheureux. On dit qu'il n'y a de patrie que pour les exilés et d'amants fidèles que les amants malheureux; je perds au piquet tous les soirs pendant quatre heures.

— Vrai, s'écria Ourliac, vous aimez le piquet! et moi qui n'osais pas vous dire que j'en raffole, que c'est pour moi une manie, une infirmité. — Ah bien!

alors, si vous jouez le piquet, vous avez raison de ne pas venir avec moi, je vous serais insupportable, je ne vous donnerais pas de relâche; j'y joue en mangeant, j'y joue en voiture, la nuit je rêve tout haut de quinte et de quatorze; j'en suis odieux. Ah bien! vous l'échappez belle!

— Mais vous vous trompez, ce ne serait pas un obstacle.

— Vous vous trompez bien plus, — n'en parlons plus; — voulez-vous faire une partie?

— Volontiers.

Ourliac joue et perd; — il perd la revanche. — L'Irlandais est ravi. — Ourliac feint de la mauvaise humeur, il se prétend très-fort; c'est la première fois depuis un an qu'il se laisse battre. — Il ne s'en va qu'à une heure du matin. Le lendemain on joue encore. — Ourliac perd et prend un air froid, ne parle plus de voyage. — L'Irlandais en jette quelques mots, Ourliac feint de ne pas entendre; — à une question directe, il répond : — Merci, j'irai seul.

Mais l'Irlandais ne peut voir partir sans chagrin le seul homme qui écoute ses traînantes histoires, le seul homme qu'il gagne au piquet; — le seul qui le trouve spirituel, jeune et vigoureux. — Il essaie d'abord de le détourner de son voyage, mais Ourliac est décidé à partir ; — alors il veut aller avec lui. Ourliac se laisse prier et ne cède qu'à une grande insistance. — Après tout, dit-il, vous pouvez ne m'accompagner que jusqu'à Châlons.

En route, l'Irlandais ne dit pas un mot qu'Ourliac, qui se donne à lui-même une comédie, ne se récrie sur le mot : Quel mot spirituel, quel bon mot, quel grand mot ! — Vous qui êtes si fort, lui dit-il, portez donc cela ; — vous qui êtes si adroit, arrangez donc ceci ; — vous qui parlez si facilement, persuadez donc telle ou telle chose au conducteur ; — vous qui êtes jeune et vigoureux, donnez-moi donc votre coin, ce n'est pas une nuit passée en voiture qui fatiguera un gaillard comme vous.

Et l'Irlandais s'anime, il se met en quatre pour ne pas rester au-dessous de cette opinion d'Ourliac, qui le grandit à ses propres yeux. A Châlons, on joue au piquet, Ourliac gagne ; mais il est fatigué, il ne donnera de revanche qu'à Lyon. — On va donc à Lyon.

— Vous n'êtes pas délicat, vous : donnez-moi donc votre manteau ; moi je suis, auprès de vous, une pauvre créature faible et débile. — A Lyon, Ourliac perd dix parties de piquet ; on emporte des cartes en voiture, Ourliac ne gagne pas une seule partie.

On arrive à Lausanne ; — les amis d'Ourliac sont

partis pour une petite excursion, mais ils reviendront dans deux jours. Ourliac avait mieux aimé avoir son Irlandais sur la route que de voyager seul; mais à Lausanne, il allait trouver des amis gais, jeunes, spirituels comme lui : — le compagnon ne serait plus qu'un encombrement.

En dînant, il se lève, va à lui, et lui arrache un cheveu.

— Qu'est-ce ?

— Rien, un cheveu blanc.

— Ah !... diable !

Ourliac, qui s'est remis à sa place, ne tarde pas à se relever et à arracher un autre cheveu à l'Irlandais.

— Encore un cheveu blanc! — Ah ! mais, c'est que vous en avez beaucoup; il ne faut pas les arracher, vous resteriez chauve.

Un peu après :

— Est-ce que vous êtes malade ?

— Non.

— C'est drôle, vous avez une mauvaise mine.

— Vous trouvez?

— Très-mauvaise mine : vous êtes tout jaune.

L'Irlandais veut conter quelque chose.

— Ah! pardon, mon ami, je connais cette histoire-là. — La Suisse est un pays libre, on n'est pas forcé d'y écouter la même histoire plusieurs fois. — Quel âge avez-vous? Vous avez bien cinquante ans ?

— Oh ! non, trente-huit seulement.

— Vous paraissez davantage. Voulez-vous jouer au piquet ?

Ourliac gagne six parties de suite. — L'Irlandais, qui avait pris la douce habitude d'être victorieux, s'anime, s'irrite, voudrait jouer toujours; mais le lendemain, Ourliac annonce qu'il n'aime plus le jeu de piquet, et que d'ailleurs c'est un jeu très-sévèrement défendu à Lausanne; mais il a un moyen de passer la journée : — il fait asseoir l'Irlandais, s'assied lui-même, prend un cahier de papier blanc et feint de lire un *ouvrage sérieux*, qu'il improvise, en ramassant tout ce que sa mémoire peut lui fournir de phrases ennuyeuses, vides, incolores, sans aucun sens. — Il veut avoir son avis franchement, sans complaisance, — c'est un ouvrage auquel il attache la plus grande importance. Au bout de trois heures, le malheureux Irlandais, engourdi, découragé de la vie, se croit délivré quand on annonce le dîner. Ourliac dit froidement : Fin du premier chapitre.

A peine a-t-on desservi qu'il reprend le terrible cahier et qu'il dit : 2ᵉ chapitre. — Alors il continue à entasser des phrases ambitieuses, alambiquées, sans suite, de prétendus raisonnements qu'il recommande à l'Irlandais de suivre sans distraction. — A dix heures finit le 2ᵉ chapitre. — L'Irlandais parle encore d'une partie de piquet. — Ourliac, d'un air grave :

— Le gouvernement d'ici est justement sévère; la liberté ne subsiste que sous la tyrannie absolue de la loi; — il serait très-imprudent de demander des cartes. — Mais est-ce que mon ouvrage vous ennuie ?

— Oh ! non.

— Tant mieux! car ce cahier, qui contient seize chapitres, n'est qu'une sorte de discours préliminaire, de prolégomènes. — Du second cahier, nous entrons au cœur du sujet. — Ce commencement est un peu léger peut-être, un peu folâtre, mais je n'ai pas voulu décourager tout d'abord le lecteur par des pensées ardues, par un style austère, — j'entre en matière par un quasi-badinage. — Tout ne sera pas aussi clair ; il faudra, pendant la lecture des autres cahiers, rassembler toutes les forces de votre attention pour suivre le fil d'une discussion un peu tortueuse, parfois un peu obscure.

On se couche à minuit, après la lecture du 4ᵉ chapitre, et l'Irlandais se sauve pendant la nuit et retourne à Paris.

Il grêle des almanachs : il en est tombé un sur moi ; il s'appelle : « Almanach de l'administration impériale. »

Cet Almanach renferme plusieurs inconvénients que je prendrai la liberté de signaler à son auteur anonyme.

A cet Almanach est joint le Guide du Pétitionnaire, où l'on trouve des formules toutes faites « que l'on n'a qu'à copier » pour *demander*, pétitionner, etc.

La modestie des ministres s'est émue il y a peu de temps, et, empruntant la voix du *Moniteur*, elle a expliqué qu'elle souffrait du titre de *monseigneur* que les pétitionnaires lui adressaient.

Or, vu la concurrence des almanachs, chacune de ces estimables brochures s'empresse de paraître avant les autres. C'est vers le mois d'octobre 1853 que l'on publie les almanachs pour 1854. A cette époque, la note du *Moniteur* n'avait pas paru, et tous les almanachs appellent les ministres *monseigneur*. Il sera juste que les ministres aient de l'indulgence pour les pétitionnaires, qui, en général, ne sont pas abonnés au *Moniteur*, et qui copieront ce qu'ils trouvent dans les livres et les almanachs, et les appelleront « Monseigneur » pendant toute cette année.

Ces livres, « Parfait pétitionnaire, Guide de secrétaire de pétitionnaire, » ne peuvent manquer de jeter dans le désordre les citoyens français qui usent volontiers du droit de pétition, droit qui eût été jadis exorbitant s'il n'eût été limité par le droit de ne pas lire les pétitions dont on usait largement alors.

Ces « Guides secrétaires, » etc., s'adressent naturellement à des gens illettrés à un certain point; — les autres préféreront toujours dire eux-mêmes ce qu'ils ont à demander.

Eh bien! un homme a acheté le « Guide du pétitionnaire » que j'ai sous les yeux. — Voir la manière de demander tant de choses lui met l'eau à la bouche. — Il se conforme aux instructions, — il fait emplette d'une feuille de « papier Tellière »; ce qui lui donne le plus d'envie, c'est la croix d'honneur. — Il se demande en quoi il peut l'avoir méritée. — Il se répond qu'il est depuis dix ans sous-lieutenant dans une compagnie de la garde nationale rurale. — Il cherche et trouve à la page 55 la formule ainsi conçue:

POUR OBTENIR LA CROIX DE LA LÉGION D'HONNEUR.

« Monseigneur,

» Un militaire que des *infirmités*, suites des blessures reçues dans les combats, *met* hors d'état de continuer de servir, sollicite son admission au nombre des membres de la Légion d'honneur.

» Dix campagnes, vingt ans de service, tels sont, monseigneur, ses titres à, etc. »

Il plie la pétition, la met sous enveloppe, conformément à l'instruction, la cachette en observant cette prescription : « Il importe que le cachet qu'on emploie ne soit ni une pièce de monnaie ni un bouton. »

Il envoie la pétition et attend.

Si, par hasard, on prend des informations, on apprend que le pétitionnaire n'a d'autres états de service que ceux précités dans la garde nationale, de même qu'il prend en réalité ses prétentions sur les progrès qu'il a fait faire à l'art d'engraisser les lapins.

Ce n'est pas sa faute.

Un autre ne peut non plus voir demander tant de choses d'une façon si éloquente, sans se figurer qu'il se fait de ces choses une distribution permanente, et qu'il suffit de demander pour obtenir. — D'ailleurs, écrire à un ministre, cela lui donne du relief à ses propres yeux.

Il voit entre autres une pétition pour demander une « place de garde dans une résidence impériale. » Ces belles phrases imprimées paraissent aux gens de la campagne illettrés quelque chose comme une formule de conjuration magique, comme un secret de sorcellerie qui doit faire obtenir ce qu'on désire. Ce livre, qu'il a acheté, notre homme croit le posséder seul.

On sait l'histoire de ce paysan qui va consulter un avocat sur un procès qu'il veut intenter à un voisin. L'avocat ouvre son code et lui montre un paragraphe. — Mon ami, dit-il, voici un article qui te condamnerait. Le paysan reste stupéfait; on appelle l'avocat, qui sort un instant. Le paysan regarde autour de lui, voit qu'il est seul, arrache la page du code sur laquelle est l'article ennemi, la jette au feu et va chez un huissier qu'il ne consulte pas et auquel il ordonne de commencer les poursuites. Je reviens à celui qui, ayant acheté le *Guide du pétitionnaire*, croit posséder un grimoire dont les paroles mystérieuses lui donnent le pouvoir d'obtenir quelque chose; il aime la chasse; il copie la pétition.

« A monsieur le comte ou baron, gouverneur du palais impérial de ***.

» Monsieur le comte,

» La place de garde-chasse du château de *** étant

devenue vacante par la mort du titulaire, j'ose solliciter de votre bienveillance de *le remplacer.*

» J'ai servi sept ans et n'ai aucune pension. »

Il signe, plie, cachette, et envoie la lettre. Il se trouve que le gouverneur de la résidence voisine n'est ni comte ni baron, et que le titulaire n'est pas mort.

Un bûcheron est sans ouvrage, — peut-être un peu paresseux. Il lit :

POUR DEMANDER UNE PENSION.

Diable, dit-il, voilà qui ferait probablement mon affaire. Et il copie.

« Monseigneur,

» Une malheureuse mère de quatre enfants, dont l'aîné n'a pas encore dix ans, implore votre bienveillance pour lui faire obtenir une modique pension.

» Son mari vient de périr victime d'un accident. » Et il signe Jean Guillaume.

Il n'y a pas dans le livre d'autre formule pour demander une pension.

Un dernier exemple : Un ferblantier d'une petite commune s'ennuie de payer des mois d'école pour son fils ; il trouve dans le livre que, pour obtenir une bourse à un collége, il suffit d'écrire au préfet du département, en pliant, cachetant, etc., correctement.

Et il copie :

« Monsieur le préfet, un ancien militaire sollicite de votre bienveillance une bourse au collége de... pour son fils, qui a remporté tous les premiers prix à sa classe.

» Ma fortune ne me permet pas de faire les frais nécessaires pour la continuation des études de ce fils dont les rares dispositions sont attestées par les certificats ci-joints :

» J'ai l'honneur, »

N. B. (Joindre les notes de l'élève.)

Il ajoute les notes sur lesquelles on peut lire :

Conduite. — Très mauvaise, ne fait que jouer avec le chat.

Grammaire. — N'en sait pas plus que le premier jour.

Écriture. — Illisible, ne fait que salir du papier.

Lecture. — Sans progrès.

Aptitude. — Idiot.

Une grande voix s'est élevée, une voix lamentable, — *ululatus*, comme diraient Virgile et Janin.— Cette voix est la voix de l'épicerie; l'épicerie est souffrante, l'épicerie se meurt, l'épicerie est morte.

Cette voix se compose de cinquante lettres que je reçois de tous les points de la France; — quelques-uns de ceux qui m'écrivent sont dans une étrange erreur sur mon compte : ils me croient un ennemi de l'épicerie et des épiciers, — et ils m'ont rappelé cette phrase consolante d'un poëte allemand : « Des gémissements et des pleurs des malheureux, du sang des victimes, il s'élève une vapeur qui forme un nuage, et dans ce nuage s'engendre la foudre. »

Je ne connais qu'un épicier, et je suis allé lui serrer la main et m'expliquer avec lui : — j'ai fait comme Napoléon qui embrassa à Fontainebleau le capitaine Petit. — Cet épicier me connaît depuis mon enfance. Auprès de son immuable magasin était une pension où j'ai copié pendant quelques années le récit de Théramène et *la Cigale et la Fourmi.* — C'est lui qui me vendait pour mes goûters pour trois sous de cornichons que je mangeais avec du pain, pour me venger de la prudence avec laquelle on me permettait ce condiment à la maison.

Je l'ai retrouvé à la même place de la rue Sainte-

Anne. — On a élargi la rue, — il est resté; toutes les autres enseignes de ce quartier, dont ma mémoire était ornée, ont changé, et la sienne est demeurée accrochée.

> Si fractus illabatur orbis,
> Impavidum ferient ruinæ.
> J. Janin.

Il sait, lui, que si j'ai parfois donné aux épiciers des conseils sévères autrefois sur leur tendance et sur leur inquiétude politique, aujourd'hui sur leurs propres affaires, ce n'est pas par haine ni même par malveillance, c'est au contraire pour les avertir. — Une partie de ce que je leur ai prédit leur est arrivé. — Qu'ils me croient donc sur l'avenir que je leur annonce aujourd'hui.

Quelques épiciers, dans la guerre qu'ils se font les uns aux autres, sont à bout de ressources; ils se dévorent; et un jour il ne restera que leurs casquettes sur le champ de bataille. Pour attirer le consommateur, ils ont voulu faire du bon marché, ils ont diminué leurs bénéfices, ils ont diminué la qualité de la marchandise, ils ont diminué la quantité, ils ont remplacé le sucre par du pavé, la chandelle par du papier, le café par du noir d'os, la cassonnade par du sable. Mais, semblables aux coursiers généreux qui, dans un steeple-chase, rencontrent un fossé, une rivière, une haie, ils ont franchi, d'aucuns après quelque hésitation, la limite qui les séparait de la fraude et du délit; puis, une fois qu'ils ont eu franchi l'obstacle, ils ont recommencé à courir sur cette route, haletants et poudreux; ils s'atteignent, ils cherchent à se dépasser, ils arrivent à un nouvel obstacle, celui qu'a dressé la sévérité, justement croissante, de la justice. Ils ne peuvent s'arrêter, quelques-uns tombent; ceux qui ne sont pas trop éclopés se relèvent; il en est qui, au lieu de sauter franchement l'obstacle, passent au travers ou par-dessus. Puis la course recommence, course acharnée, course impitoyable, course sans fin et sans but; il leur faudra bientôt franchir encore des sévérités plus hautes, des sévérités que je réclame avec opiniâtreté. Eh bien ! de l'autre côté, il faudra courir encore, courir toujours; le délit, la fraude, dont le plus grand nombre gémissent, ne leur servent à rien ! Ils ne sont pas plus avancés que s'ils vendaient tous à poids juste des marchandises non frelatées.

Donc, l'épicerie se meurt, l'épicerie est morte, si, au lieu de gémir et de maudire l'auteur de ces lignes, elle ne se joint à lui pour demander les peines les plus sévères contre la fraude, quelle qu'elle soit.

Il faut qu'elle demande avec moi — que l'épicier qui ne donne pas le poids vendu soit appelé voleur et puni comme voleur; — que l'épicier qui mêle des substances malsaines à ses denrées soit appelé empoisonneur et puni comme empoisonneur; — il faut que l'affiche du jugement soit apposée sur la boutique. Cherchez, trouvez, demandez des supplices; que la justice soit obligée de vous restreindre, de vous arrêter dans vos austères exigences.

Là est votre salut. Êtes-vous plus riche, faites-vous mieux vos affaires aujourd'hui que tant de fraudes en tous genres excitent la sévérité de la justice et le chagrin de la plupart d'entre vous?

Au contraire.

Quand vous serez arrivés à ne plus mêler de cassonnade au sable, à ne plus donner que du papier gris pour de la chandelle, à ne plus faire entrer de café dans le terreau, vous n'y gagnerez rien encore : tous vos confrères se croiront forcés de faire comme vous pour ne pas fermer leurs boutiques, et il s'en trouvera qui alors vendront de faux sable, de faux terreau, de faux papier gris; et il vous faudra faire comme eux, et vous ne serez le lendemain de cela pas plus avancés qu'aujourd'hui. Que ferez-vous alors?

On ne fraude pas pour l'honneur. Je vous le répète,

joignez-vous à moi; la probité seule peut vous sauver; mais la probité exigée de tous, la probité sous la protection de la pénalité la plus sévère. Il n'y aura plus alors de concurrence que dans certaines limites ; l'ordre, l'économie, le génie commercial, l'intelligence reprendront leur rang, retrouveront leur puissance. Allons, voyez clair ; la fraude que vous faites vous ruine plus encore qu'elle ne ruine le consommateur. Il faut de l'honnêteté même par spéculation. La plupart sont déjà de mon avis.

Je n'entends pas parler seulement ici des épiciers et aux épiciers, — je parle au commerce tout entier, entraîné malgré lui dans cette voie funeste de la fausse concurrence.

Je crains bien d'ennuyer mes lecteurs. — C'est surtout quand on parle de choses utiles qu'il ne faut pas être long.— Cependant il faut que je parle encore du pain. Si les consommateurs sont lésés, les boulangers des départements sont dans une situation extrêmement difficile. C'est celle dont j'ai contribué pour ma part à tirer les boulangers de Paris, ainsi que je vous l'ai au moins assez dit. L'administration, avant l'ordonnance qui prescrit de vendre le pain au kilogramme, — était fort embarrassée; — il est très-difficile de faire un pain d'un poids tout à fait juste et déterminé à l'avance, à cause des transformations et des accidents qui s'opèrent pendant la panification et la cuisson. — Il était juste cependant que le consommateur qui achetait et payait un pain de quatre livres emportât quatre livres de pain. — On penchait d'abord pour le consommateur, et on punissait le boulanger d'un déficit souvent involontaire. — Celui-ci réclamait, démontrait l'impossibilité de faire avec certitude un pain de tel ou tel poids. L'administration s'apitoyait, et accordait au boulanger une tolérance de quelques grammes par kilo pour la cuisson. Mais le consommateur élevait la voix et disait : Il n'est pas plus difficile de faire un pain pesant juste quatre livres — que de faire un pain pesant juste quatre livres moins cinquante ou moins cent grammes. L'administration, malgré son zèle, était doublement injuste : tantôt elle ne voyait pas le déficit commis au préjudice du consommateur, tantôt elle punissait le boulanger pour un délit involontaire. On a compté à Paris, en 1840, jusqu'à deux cent cinquante procès-verbaux constatant la vente de pain à faux poids dans une seule semaine.

C'est alors que parut l'arrêté qui prescrit la vente au kilogramme. On m'assure que l'article 4 de cet arrêté, que je n'ai pas sous les yeux, ajoute : « Les boulangers seront tenus de peser, en le livrant, le pain vendu dans leur boutique, sans qu'il soit besoin de réquisition de la part des acheteurs. » Eh bien! si, comme je n'ai aucune raison d'en douter, cet article existe, il n'est nullement observé. C'est un des défauts, peut-être le défaut du caractère français. On possède en France et on fait des lois excellentes ; les lois françaises sont avec raison un modèle pour le monde entier, seulement on ne les exécute pas.

Ajoutons à ce premier défaut du caractère français celui de ne pas savoir mépriser, et on aura la clef de bien des choses.

Je reviens au pain.

Cet arrêté en vigueur à Paris n'était nullement obligatoire pour les départements, de sorte que les anciens règlements restaient en vigueur, ou plutôt qu'il n'y avait ni vigueur ni règlements.

Tant que les contraventions pour défaut de poids n'ont été punies que par la simple police, les boulangers des départements, rarement poursuivis, n'ont pas réclamé ; — mais en 1851, une loi est intervenue, qui fait, avec raison, de la vente à faux poids ou de la tentative même un délit correctionnel.

Il semblait alors que les règlements locaux allaient disparaître et que l'arrêté de Paris allait être appliqué par toute la France.

Il n'en a pas été ainsi.

Un avocat de Lisieux eut à défendre, peu de temps après la promulgation de la loi, un boulanger qui reconnaissait avoir vendu un pain de deux kilogrammes qui ne pesait pas deux kilogrammes — Mais l'avocat soutenait qu'on ne pouvait être sûr de faire un pain de deux kilogrammes. — Il demandait pour son client l'autorisation de peser chaque pain et de le vendre proportionnellement à son poids réel. — Il ne fut pas écouté. — Que fit le boulanger? Il se transporta chez les trente-deux boulangers de la commune de Lisieux, prit un pain chez chacun, apporta les trente-deux pains à l'audience avec une balance. —Vingt-huit ne pesaient pas le poids. — La municipalité ne fut pas convaincue, le vieux règlement subsista et, m'assure-t-on, subsiste encore.

Cependant les condamnations pour vente de pain à faux poids se multiplient par toute la France, — à cause des anciens règlements, — qui ne sont pas même semblables dans les diverses communes. — Ici la tolérance accordée pour la cuisson est de 75 grammes, et ailleurs de 125, sur des pains de même poids nominatif, etc.

L'administration, qui se préoccupe avec raison et des grains, et des farines, et de la boulangerie, peut rendre un immense service aux consommateurs à la fois et aux boulangers des départements, — et cela à peu de frais, — en rendant obligatoire pour toute la France l'ordonnance appliquée seulement à Paris qui prescrit la vente au kilogramme.

Je recommande vivement l'article 4.

Un nouvel avis aux consommateurs dont les exigences peu raisonnées contribuent souvent beaucoup, ainsi que je le disais dimanche dernier, aux fraudes du commerce :

Quand vous achetez une livre de sucre, tout en ne regardant pas assez soigneusement quel poids on met dans la balance, vous voulez à tout hasard avoir plus que ce poids ; — s'il y a d'un côté un poids d'une livre et de l'autre une livre de sucre, les deux plateaux doivent être égaux; mais le consommateur trouvera mauvais que le plateau de la marchandise ne descende pas au-dessous du plateau du poids. — Le marchand ne peut satisfaire à cette exigence, qui serait ruineuse pour lui, qu'au moyen d'une fraude faite sur un autre point ; il faut qu'il vous ôte d'un côté ce qu'il donne de l'autre. — Vous voulez que le sucre entraîne le poids d'une quantité supposée égale à trois grammes, — eh bien, le marchand commencera par vous mettre trois grammes de papier de pavé. — La marchandise enlève le poids, non plus parce qu'elle est lourde, mais parce que le poids est léger. — Plus de tolérance, plus de papier ; punition très-sévère pour les faux poids, — mais contentez-vous de votre côté que votre livre de sucre mette et tienne en équilibre le poids d'une livre.

XV

EN QUOI CONSISTE POUR CHACUN : AVOIR TORT OU RAISON

Ce qui devrait peut-être nous rendre plus indulgents que nous ne le sommes, — moi comme les autres, — c'est l'extrême difficulté de préciser les limites exactes des choses.

On nous peint allégoriquement la Justice assise sur un nuage et planant au-dessus des hommes. Cette position est favorable pour voir le milieu, c'est-à-dire l'endroit où est la vertu, selon les anciens, — *in medio stat virtus*, — et les limites précises au delà et en deçà desquelles il n'y a plus de vrai ni de bien : *sunt certi denique fines, quos ultrà citràque nequit consistere rectum.*

Le juge humain, qu'il soit nommé magistrat d'après certains us et après certaines épreuves, ou qu'il se soit élu lui-même procureur général du genre humain, comme font les moralistes, ne peut planer au-dessus des hommes et des choses ; il est forcé de prendre son point de vue là où le placent son tempérament, ses passions, ses infirmités particulières.

L'avare appellera prodigue celui qui n'est pas avare, et le prodigue taxera d'avarice à son tour celui qui n'est que ménager. Chacun se prend à son insu pour la règle et le type du beau, du bien, du juste ; considère ce qu'on a de moins que lui en vertu comme criminel, et ce qu'on a de plus comme ridicule, excessif, prétentieux, et digne d'inspirer la défiance. « Il pense bien ; il a raison ; c'est un homme de bon sens, » sont des formules destinées à exprimer, sous prétexte d'autrui, son admiration pour soi-même, « il pense bien, il a raison, c'est un homme de bon sens, » n'ayant jamais voulu dire que « il pense comme moi. »

Ces esprits-là sont rares et ne sont pas estimés à leur valeur, qui jouissent de la singulière puissance de s'élever et de juger d'en haut, comme la justice des peintres, en dehors de leurs propres passions et de leurs propres infirmités. Une des questions les plus ardues à décider est sans contredit celle de la raison ou de la déraison des gens.

Il vient de m'en tomber sous les yeux une nouvelle preuve dans un procès qui a été porté devant la cour d'appel, et qui offre quelque analogie avec une des scènes principales d'un des romans que mon collaborateur et ami Louis Desnoyers me semble annoncer depuis bien longtemps. Tant il est vrai qu'il n'est pas d'invention en ce genre que la réalité ne puisse justifier, quelquefois même dépasser, et que les romanciers sont souvent les véritables historiens, dans un temps où tant d'histoires ne sont que de véritables romans.

Le jugement n'est pas rendu quant au fond, mais il importe peu à la question. Voici le litige. Madame..... croit son frère M.... insensé; elle en a conçu un très-grand chagrin qui ne pourrait trouver de consolation que dans l'idée que ce frère mourrait jeune et sans enfants, et qu'elle et les siens hériteraient d'une assez belle fortune.

Mais cette consolation risquerait de lui être enlevée. Son frère M.... est devenu amoureux d'une fille riche et de bonne famille; il l'a demandée en mariage; sa recherche a été agréée, et le mariage devait être célébré dans les premiers jours du mois de juillet dernier.

Bref, afin d'empêcher le mariage, Madame.... a présenté requête en interdiction de son frère. Le détail des faits sur lesquels s'appuie la requête est assez curieux et vient on ne peut mieux à l'appui de ce que je disais en commençant ce chapitre : que l'on est presque toujours fatalement obligé de juger les actions d'autrui du point de vue où l'on est placé par ses propres passions et son propre tempérament.

En voici à peu près l'analyse :

« La mère de M. M...., dit la requête, a eu peur étant grosse de lui, et l'intelligence de M. Melchior s'en est ressentie.

» Les études de M. M.... ont été déplorables. Son écriture est très-mauvaise, et il fait des fautes d'orthographe. »

J'ai été reçu avocat, répond M. M.... On a donc trouvé mes études suffisantes. Pour ce qui est de mon écriture, s'il faut déclarer fous tous ceux qui écrivent mal, je sais bon nombre de gens de réputation qui ont à bien tenir leur bonnet. On m'a montré l'écriture de M. Jules Janin, par exemple. Je déclare que la mienne n'est que difficile à lire, tandis que la sienne est impossible. Je ne puis prendre cet argument au sérieux tant qu'on n'aura pas enfermé ledit Jules Janin.

Des fautes d'orthographe ! Qui n'en fait pas ? Les autographes de nos hommes les plus célèbres en contiennent, et les fautes de français les émaillent non moins agréablement. M. Berryer, qui est une des gloires du barreau, n'a-t-il pas dit : « Ébranler les bases du lien social ? » et M. Berryer est de l'Académie française, ainsi que M. Pasquier, qui a dit, parlant au roi Louis-Philippe : « Votre Majesté est l'égide d'où s'épand la sécurité ; » et je ne sais quel homme parlementaire célèbre : « Un océan inextricable. »

M. Karr n'a-t-il pas mis en lumière, il y a quelques années, un certain nombre de fautes de français enseignées à la jeunesse par MM. Noël et Chapsal, avec privilége exclusif de l'Université ?

Ma sœur a tort de m'adresser un pareil reproche. Il est moins ridicule de faire quelques fautes d'orthographe, comme moi, que d'être pédant, précieux et bas-bleu comme elle.

« M. M...., dit à peu près la requête, prend des parasites pour ses amis. Quand il leur donne à dîner, il leur prodigue des vins qui lui coûtent fort cher, et ces *bacchanales* finissent par des cris de vive M....! »

S'il faut condamner tous ceux qui n'ont pas trouvé ce merle blanc, ce cygne noir, *rara avis*, qu'on appelle un véritable ami, il ne restera personne pour les accuser. Combien la mémoire des hommes a-t-elle conservé de ces amitiés depuis le commencement du monde? Castor et Pollux, Oreste et Pylade, Nisus et Euryale, Léon Gatayes et Alph. Karr, Théophile Gautier et son chat.

J'appelle mes amis ceux que j'aime. Je crois à l'amitié qu'on me témoigne, sans la mettre à une trop rude épreuve. C'est ma sœur qui est blâmable, elle qui n'aime personne, pas même son frère; elle qui ne croit à l'amitié de personne.

Je suis déraisonnable encore parce que, donnant à dîner à mes amis, je leur fais boire du bon vin qui me coûte cher.

Mais, si je veux avoir du bon vin, il faut bien le payer cher ou le voler. La raison consiste-t-elle à faire boire de la piquette à ses amis et à la boire soi-même? Il est vrai qu'il est des gens qui, sous prétexte de maladies et de boissons préparées et médicinales, se font servir du bordeaux-laffitte à leur propre table où leurs amis boivent du vin d'Argenteuil.

Foin de la raison, si elle exige qu'on soit avare et ladre! Ma sœur se croit sensée parce qu'elle n'invite personne à dîner, ou parce que, si par hasard elle y est forcée, elle ne sert à ses malheureux convives que des vins frelatés, sophistiqués et purgatifs.

Après un bon dîner, mes convives ont quelquefois crié Vive M...!

Cela ne prouve pas que je sois insensé ni eux non plus. Je sais bien que la reconnaissance est rare, mais, enfin, elle est tout au plus une marque d'originalité. D'ailleurs, ces gens reconnaissants sous l'influence d'un bon dîner ne le seraient peut-être pas à jeun et pour un grand service. Ils sont excusables. J'aime mieux cela, et je trouve ma conduite plus sensée que celle de ma sœur. Au lieu de crier Vive madame ***! ses convives s'en vont tristes, la mine rechignée, et disent entre eux : « Quel guet-apens! quel empoisonnement! On ne m'y reprendra pas. Je meurs de faim. Où allons-nous dîner? Quel vin! j'en ai des douleurs d'entrailles.

« Sa sœur cherche à se mettre en rapport avec lui, dit la requête. Il refuse de la voir, et s'enferme chez lui avec un domestique, et malgré le froid, il ne fait pas de feu pour que sa présence ne soit pas trahie par la fumée. »

Cela, répond M. M..., prouverait que j'ai de ma sœur une peur plus grande que celle qu'a éprouvée ma mère étant grosse de moi, et qu'il est heureux que mon sexe me mette à l'abri des conséquences funestes que la requête prête à cette peur.

J'ai peur de ma sœur, qui veut m'empêcher d'épouser une femme que j'aime. Je considère cette crainte comme fondée. C'est elle, au contraire, qui n'est pas raisonnable de s'obstiner à voir un homme tellement décidé à ne pas la voir, qu'il aime mieux endurer le froid que de trahir sa présence.

« M... se trouve dans un omnibus, dit la requête. Une personne vient à se trouver mal ; il ne la connaît aucunement, mais il s'empresse auprès d'elle et néglige toute affaire pour l'accompagner chez le pharmacien. » On ne sait pas tout, répond M... J'avais payé mes six sous au conducteur de l'omnibus, et quand la personne malade est revenue à elle, j'ai dû donner six autres sous pour remonter dans une autre voiture. Eh bien! malgré cette circonstance aggravante, je ne me repens pas de ce que j'ai fait. Si j'ai eu tort de soulager une personne que je ne connaissais pas, cet Anglais était donc le type du sage qui, voyant un homme se noyer, refusa de lui porter secours parce qu'il ne lui avait pas été présenté.

Si la sagesse est l'égoïsme, la brutalité, la sécheresse de cœur, au diable la sagesse et les sages!

« M..., dit la requête, a dépensé 1,000 fr. pour se faire faire un riche costume. Il devait représenter saint Louis à la fête des Incas, fête traditionnelle qui se célèbre à Valenciennes de temps immémorial. »

Si l'on condamne tous ceux qui se déguisent, ce sera dangereux à l'époque où nous vivons, répond probablement M... Que fera-t-on de tous ces bourgeois qui se déguisent en grands seigneurs, de tous ces inconnus qui se chamarrent de croix étrangères, de certains personnages peu littéraires qui se déguisent en membres de l'Académie française, des divers coquins qui se costument en gens respectables?

A la fête des Incas, nous étions plusieurs centaines de gens déguisés. Ou nous étions tous extravagants, ou il est absurde de m'appeler extravagant pour cela.

Est-ce parce que je m'étais fait faire un beau costume? Mais je n'avais que quelques heures à jouer le rôle du roi de France; je ne pouvais, faute de temps et d'espace, montrer qu'une grandeur extérieure.

Il est probable que saint Louis avait des costumes qui coûtaient plus de 1,000 fr. C'eût été plus extravagant, — et c'est ainsi qu'eût fait sans doute ma sœur à ma place, — c'eût été plus extravagant de représenter saint Louis avec un costume de carnaval. Mais admettez même que je n'aie pas été guidé par le respect du personnage que je représentais; supposez que je n'aie été poussé à cette dépense que par vanité, par l'amour de la parure, des oripeaux, des panaches, des toques et des tuniques, on n'a jamais enfermé les gens qui avaient manifesté cette manie. Ma sœur, par exemple, dépense, année commune, plus d'argent que moi pour se déguiser en femme grasse et en jolie femme, et je ne demande pas qu'on l'enferme.

« M..., étant à table, se mit fort en colère et prétendit qu'on lui servait des vins empoisonnés. »

Quoique avocat, répond sans doute M..., je ne suis pas obligé, dans la vie privée, d'adopter le synonyme légal de *sophistiqué*.

Je pourrais prétendre que « vin empoisonné, je suis empoisonné, » ne sont que des locutions admises pour dire de mauvais vin, et Boileau lui-même, homme sage, m'en fournirait des exemples.

Mais ne sait-on pas que tous les jours les tribunaux condamnent à l'amende des débitants de vins auxquels on a mêlé des substances malfaisantes ?

La Seine ne porte-t-elle pas aux mers, qui ne s'étonnent plus, comme du temps de Boileau, des ondes rougies par ces vins malsains que l'autorité fait répandre dans les ruisseaux ?

« M... se dit lié avec les procureurs généraux, impériaux, etc. Il a menacé un magistrat de le faire destituer s'il ne remettait pas en liberté un innocent qu'on venait d'arrêter par erreur. » La société de

Saint-Vincent-de-Paul, dont je fais partie, dit-il, a le bras long. »

Je suis avocat, répond sans aucun doute M..., et membre d'une société fondée pour secourir les malheureux. Je croyais l'homme arrêté innocent, je croyais le magistrat éclairé. Je penserais faire injure à mon pays et à mon gouvernement si je ne croyais qu'un magistrat qui sciemment retiendrait un innocent sous les verrous ne serait pas pour cela destitué.

Si je me suis dit lié avec des procureurs généraux, impériaux, etc., mettons que je me suis vanté, et que j'ai eu tort. Mettons également que je me suis exagéré la puissance d'une société de bienfaisance, dont le but est de prêter aide à l'équité.

Ajoutons à ces torts celui d'avoir raconté qu'attaqué la nuit par un voleur, je l'ai terrassé et tué,— car c'est également un tort qui prend sa source dans la vanité.

Eh! mon Dieu! qui n'ajoute quelques détails glorieux au récit d'un fait qui s'est passé dans la nuit? Quel est le chasseur, le voyageur, le conquérant, le vainqueur, qui ne mente un peu?

Que l'on enferme alors avec moi tous ceux qui, en parlant d'eux-mêmes, ont quelque peu enjolivé la vérité. Ma chère sœur elle-même est-elle sûre de ne pas rester auprès d'un frère qu'elle ne veut pas exposer aux inconvénients d'un mariage, etc.? Voilà ce que répond sans doute M...

Sur un seul point, ledit M... a dit une chose absurde : c'est à propos de la mort d'un de ses amis, qu'il prétend être mort debout et adhérant au plancher, de telle façon qu'il fallut scier le parquet. Cela peut être l'excès d'une douleur honnête.

Si l'on examinait bien, on verrait que ceux qui ne divaguent que sur un point sont encore les sages. Il n'est personne, dans les gens que je connais, qui n'ait sa petite déraison sur un sujet quelconque.

Si on ne laisse pas marier les gens déclarés insensés pour ne pas en multiplier la race, c'est entrer dans une voie de philanthropie et d'anthropologie hardie ; car il faudra délibérer et décider sur la propagation des imbéciles, des sots, des ennuyeux; puis des méchants, des traîtres, des bavards, des lâches, des coquins, etc.; puis sur celle des infirmes, des bossus, des gens très-laids.

Par suite de quoi le genre humain deviendrait parfait.

C'est une théorie qui peut se soutenir, mais qui présente quelques difficultés dans la pratique.

Le déluge universel a été un essai dans ce genre, et

il n'a pas réussi. Et la société ne dispose pas pour le moment de moyens aussi énergiques que le déluge.

Les mœurs seules pourraient empêcher la propagation de ces espèces.

Mais il faudrait que les hommes n'aimassent pas quelquefois les femmes laides, coquettes, méchantes; il faudrait que les femmes ne préférassent pas trop souvent des hommes bêtes, hâbleurs et médiocrement estimables.

Je tâcherai de savoir le jugement qui interviendra sur l'interdiction de l'avocat M... S'il est déclaré extravagant, je ferai une liste de gens que je connais qui le sont un peu plus que lui.

XVI

LA VIGNE ET LES POMMES DE TERRE. ASSURANCES CONTRE LES ACCIDENTS DE VOYAGE ET DE LOISIR

Voici les télégraphes électriques qui s'établissent de toutes parts. Certes, ce sujet présenterait d'assez graves considérations politiques et philosophiques, mais en ce moment je ne veux les considérer que sous un point de vue :

L'influence du télégraphe électrique sur le langage.

Les Lacédémoniens avaient adopté un langage concis et précis dont la forme a gardé leur nom : laconisme; c'était par horreur du babil et de la frivolité.

Nous qui ne passons pas en Europe pour avoir la même horreur, nous allons arriver au même résultat par un chemin tout différent; ce que ne nous donne pas la vertu, nous le demanderons au vice. Je m'explique :

Le télégraphe électrique est fort cher et chaque mot se paye. C'est l'avarice qui nous donnera la concision.

Maintenant on va s'ingénier à trouver des formes brèves et à professer un mépris productif pour les ornements frivoles. Excessifs en tout, nous aurons bientôt dépassé les Spartiates, et le mot laconisme finira par vouloir dire bavardage diffus.

On comprendra la valeur de correspondances dans le genre de celle-ci :

Lettre d'un ami à un ami :

« *Eo rus*[1]. »

Réponse :

« *I*[2]. »

Et de celle-ci, qu'on a répétée depuis, mais qui a été, dans l'origine, un échange de courriers entre Léon Gatayes et moi :

« K à G — ?. »

« G à K — 0. »

— Qu'y a-t-il de nouveau ? — Rien.

Une femme quelque peu bas bleu, du temps de

---

[1] Je vais à la campagne.
[2] Va.

Louis XV, je crois, disait : « Ce qu'on dit et ce qu'on écrit est toujours trop long. Une période ôtée d'un discours vaut un louis, un mot effacé vaut vingt sous. »

Cela était vrai alors, comme ce sera incontestable et surtout compris aujourd'hui.

Beneficia beneficiis legenda. Un service qu'on rend est une dette qu'on contracte.

Je vous ai demandé un service hier; vous pouviez me le refuser, vous en aviez le droit; mais vous m'avez rendu hier le service demandé : vous m'en devez un autre, dix autres, cent autres. Avisez-vous de me refuser un second service après m'avoir rendu le premier! je vous haïrai, je vous diffamerai, je vous traiterai comme un traître et un voleur.

Mais ici une observation en guise de parenthèse :

Moi pas plus que les autres, et même un peu moins que beaucoup d'autres.

On n'est pas possédé très-fortement par un vice quand on le reconnaît, quand on le signale sans déguisement.

Le diable et beaucoup de gens à son exemple doi

17

vent beaucoup de leur puissance à l'emploi ingénieux de pseudonymes et de synonymes.

Si le diable et ses imitateurs appelaient par leur nom les diverses pommes empoisonnées qu'ils nous engagent à manger, ils n'auraient que peu ou point le débit de leur marchandise.

Mettez quelque rude synonyme pris dans Rabelais à la place de : — « lien des âmes, — douce sympathie, — amoureux servage, — être épris, — offrir son cœur, » — et vous verrez un certain nombre de femmes quelque peu effarouchées ;

Mettez : — « ambitieux, avide, avare, vaniteux, » à la place de noms dévoués qui acceptent le fardeau de V. ou de X. ;

Donnez leur vrai nom à un certain nombre d'actes honorés ; vous n'arrêterez peut-être pas ceux qui les commettent, mais vous dégoûterez ceux qui les tolèrent et qui les admirent.

Quand je disais tout à l'heure : « je et moi, » c'est à propos d'une remarque que j'ai eu souvent occasion de faire ; les moralistes se juchent sur n'importe quoi, et de là se donnent comme étrangers aux vices et aux faiblesses de l'humanité et à l'humanité elle-même.

Ils disent : « l'homme fait ceci, l'homme fait cela ; »

mais par leur ton on voit facilement qu'ils se placent dans une honorable et unique exception.

Cela flatte la vanité des moralistes, mais diminue le crédit de la morale.

> Avec des airs pédants et des mines fâchées,
> Certains prédicateurs prêchent d'un air cagot
> De rigides vertus en si haut lieu juchées
> Qu'on renonce d'y tendre et qu'on se dit bientôt :
> L'homme est né trop pesant pour s'élever si haut.

On se sent indisposé contre le philosophe rogue qui vous dit : « Vous êtes des coquins, ou vous êtes de pauvres gens, corrigez-vous avec mes avis, tâchez de devenir moins gueux au moyen de mes préceptes, car je suis un homme vertueux et un sage... » On ne songe qu'à se cacher de ce censeur austère et à continuer ce qu'on faisait, à l'abri de son regard. On lui dit : « Allez devant, nous vous suivrons, » et on le laisse aller tout seul au premier carrefour. Tandis qu'un philosophe bonhomme qui vous dirait : « Ah! ça, nous sommes de terribles coquins, de fiers gueux et de fameux imbéciles; tâchons donc de nous corriger en nous donnant mutuellement de bons avis. Vous n'avez peut-être pas de conseils prêts; tenez, moi j'en ai, par hasard, une poignée ou une *plumée* de tout prêts : voyez si vous y trouverez quelque chose de bon. »

Je me figure que ce philosophe bonhomme, qui saurait un ou deux bons petits chemins pour éviter la boue et les trous, ne tarderait pas à emmener avec lui, bras dessus bras dessous, un certain nombre de gens qui, sans cela, étaient destinés aux trous et à la boue.

C'est pour cela, et aussi pour ne pas mentir, que je dis volontiers : « Nous ou moi, » quand j'ai quelque reproche à adresser à l'humanité, dont nous faisons tous partie, excepté les hannetons et les singes.

Ceci posé, je ferme la parenthèse et je continue.

Certes, la vigne et la pomme de terre ont prodigué à l'homme de nombreux et incontestables bienfaits, que je laisse à chacun le soin d'énumérer, par respect pour le papier blanc et pour l'intelligence de mes lecteurs.

Eh bien ! parce que la vigne et la pomme de terre ont senti le besoin de se reposer pendant quelques années, il n'est pas d'invectives qu'on ne leur adresse.

On commence à reprocher à la pomme de terre son peu de produit. M. de Gasparin, un agronome très-distingué, qui a écrit de belles et bonnes choses, se met lui-même, tout en donnant un excellent conseil, à lui faire des reproches que je taxerai d'ingratitude. Il la traite d'avare, maintenant qu'elle est appauvrie par ses bienfaits et par notre exigence. Il lui reproche de ne donner que neuf cents rations là où la fève en donne plus de trois mille.

Le conseil est bon en ceci que la fève est une nourriture abondante et saine, quoique peu agréable; qu'elle compose depuis longtemps la plus grande partie de la nourriture en Piémont et que, à part certaines invasions de pucerons, elle n'est, jusqu'ici, sujette à aucune maladie.

D'ici à peu de jours je rassemblerai tout ce que je pourrai trouver d'intéressant sur la culture des fèves, soit dans les livres, soit sur le sol du pays que j'habite en ce moment, et où elles forment l'une des principales cultures, et je demande d'avance l'hospitalité au *Siècle* pour ce résumé qui peut être fort utile en ce moment.

Je reviens donc à l'ingratitude des hommes envers la pomme de terre et la vigne.

La pomme de terre est malade, je le veux bien, mais c'est parce que nous avons assassiné notre bienfaitrice. Nous avons surmené sa générosité; elle nous donnait ses revenus, nous avons exigé son fonds, son capital; nous l'avons forcée de végéter dans des terrains qui lui sont contraires; nous l'avons gorgée, indigérée, étouffée d'engrais pour augmenter sa fertilité; nous avons fait comme ces voleurs qui enivrent leurs victimes pour les dépouiller plus facilement.

Il en est de même pour la vigne. La vigne est souffrante, exténuée; laissez-la se reposer; faites de l'alcool avec de la paille, avec des bâtons de chaises — (on en fait et je l'ai déjà raconté ici); — je le veux bien.

Faites mieux, tirez de l'acool de vous-même, et de cela il est fort question.

Cicéron disait: « Il n'y a jamais eu de folie si grande qu'il ne se soit trouvé un sage pour la soutenir. » *Nihil est tam absurdum quod non aliquis philosophorum defendat.*

On peut dire aujourd'hui : « Il n'y a pas de prodige, il n'y a pas de conte de fées que la science ne réalise. »

Une discussion s'est élevée au Collége de France pour savoir d'où précisément l'homme tire le sucre qu'il contient.

Le foie de l'homme produit-il du sucre spontanément comme la canne à sucre, ou le foie n'est-il qu'un alambic au moyen duquel le sucre s'élabore?

C'est sur quoi se querellent MM. Renaud et Figuier.

Ces deux savants ont de bons poumons ; laissons-les discuter quelques semaines, peut-être y reviendrons-nous.

On a déjà trouvé du fer dans le sang de l'homme. Voici du sucre et nécessairement de l'alcool. Bias avait prévu l'homme tel que la science l'a dévoilé de nos jours, l'homme qui porte tout avec lui et peut se suffire à lui-même. *Omnia mecum porto.*

L'homme peut braver la maladie de la vigne, puisqu'il ne sera privé pour cela ni de vin, ni d'alcool, ni de liqueurs ; puisque avec sa chaise, avec la paille de son lit, il s'en procurera sans difficultés ; puisqu'il en contient lui-même. Connais-toi toi-même, ô homme! et l'île déserte de Robinson n'aura plus rien qui puisse t'épouvanter, pas plus que la maladie de la vigne et des pommes de terre. Qu'elles meurent même, tu ne les pleureras pas, mais tu pourrais ne pas insulter la vigne comme tu le fais en ce moment.

On lui reproche l'argent que l'on a donné pour les vins de Champagne, de Bordeaux, de Bourgogne, du Rhin !

Le vin qui vous prodigue, à l'ombre de sa treille,
De l'oubli, de l'amour, de l'esprit en bouteille.

La statistique vient dire au vin de 1840 à 1850 :

« Tu nous as coûté trois milliards ! » Cela n'est que pingre ; mais ce qui est pis, c'est de l'accabler sous des accusations non prouvées et injustes. La justice ne doit rien avancer sans prouver, sans cela elle deviendrait la plus horrible chose qui fût au monde, — ce que saint Augustin appelle « la justice des injustes. »

« Le vin, dit M. Everest, a envoyé depuis dix ans 100,000 enfants aux maisons des pauvres, jeté 150,000 personnes aux galères et en prison, poussé à la perpétration de 1,500 assassinats, engendré 1,000 cas d'aliénation mentale et autant de suicides, fait 200,000 veuves et 100,000 orphelins, etc. »

Pourquoi y mettre encore tant de modération ? Pourquoi n'attribuer au vin qu'une partie des crimes et des malheurs de ces dix années ? Pourquoi ne pas soutenir que tout vient de lui, puisque, dans cette statistique de fantaisie, vous n'apportez pas de preuves ? Le bon sens ne serait sauvé que par l'absurde, mais non pas un absurde visible seulement pour quelques-uns, — dangereux et perfide espèce d'absurde, — mais par un bel et gros absurde bien clair, bien évident. Il s'est tué, par exemple, plus de 30,000 personnes depuis dix ans.

Prenons pour preuve 1849 : il y a eu 3,583 suicides, c'est la plus forte année de 1827 à 1849, et la vigne était bien malade. En 1827, la vigne se portait bien, il ne s'est tué que 1,542 personnes. Si je voulais aussi émettre des paradoxes, il me serait facile d'établir, et avec plus de probabilité, que c'est surtout par chagrin de ne plus avoir de vin que se sont tués les mille infortunés dont on met le suicide sur le compte de la vigne.

De même pour les vols et les assassinats. Interrogez les divers coquins qui les ont commis, ils vous diront que c'est plutôt par soif que par réplétion qu'ils les ont perpétrés (mot de réquisitoire).

Il y a une horrible et facile forme de raisonnement statistique : c'est de supposer que la chose qui arrive après une autre en est toujours l'effet.

Autant dire que, quand deux charrettes passent sur une route, la première traîne toujours la seconde.

Post hoc, ergo propter hoc, raisonnement de jeune avocat aux abois.

Ce que vous attribuez arbitrairement au vice, par exemple, voici mon ancien camarade de collége, un docteur fort spirituel, Verdé-Delisle, qui l'attribue à la vaccine.

Il réhabilite les hommes grêlés, et traite les vaccinés comme Fourier traite les civilisés.

C'est, du reste, une question singulière, mais intéressante, et qui a des côtés fort sérieux. Je vous parlerai dimanche prochain de ce livre et de cette thèse : De la dégénérescence physique et morale de l'espèce humaine, déterminée par le vaccin.

Depuis vingt ans, on exige qu'un homme soit vacciné pour l'admettre dans une école militaire, dans l'armée, dans un collége, dans un couvent.

On ne peut devenir ni savant, ni héros, ni saint, sans avoir été préalablement vacciné. C'est une condition tellement nécessaire, que beaucoup de gens paraissent, de ce temps-ci, persuadés qu'elle est la seule indispensable.

Verdé-Delisle traite le vaccin comme nous venons de voir que M. de Gasparin traite la pomme de terre, comme M. Everest traite la vigne.

Vaccinés, prenez garde à vous !

P. S. Ah ! bon ! voici qui vaut bien la réhabilitation de la petite vérole et la glorification des grêlés ! M. Romieu s'occupe en ce moment de réhabiliter les hyènes. Est-ce un prélude pour le spirituel écrivain à une nouvelle série de paradoxes ?

M. Romieu apprend aux lecteurs du *Moniteur* qu'il « s'est lié récemment aux quatre hyènes du Jardin des Plantes de Paris. »

Dans la liste des tendresses futures de M. Romieu, nous ne désespérons pas de voir un de ces jours le portier, autrefois sa victime. Ce ne sera qu'un des moindres paradoxes qu'il a à produire.

L'*Étoile du bon secours*, Société d'assurances, adresse une proposition à tous les visiteurs à l'Exposition universelle : « L'*Étoile du bon secours* assure temporairement contre les ACCIDENTS *de voyage* et de *loisirs* en France. — Assurance pour un mois, 1 fr. 50 c.; pour deux mois, 3 fr. »

On comprend quelle consolation, quelle sécurité apporte une pareille combinaison à une femme dont le mari la quitte pour aller visiter l'Exposition;

A un mari qui ne peut accompagner sa femme;

A des parents qui laissent sortir, pour la première fois, leur héritier d'une ville de province, et l'envoient béjaune à Paris essayer ses ailes pour voir s'il est aigle ou oison.

En effet, jetez un rapide coup d'œil sur les accidents de voyage et de loisirs qui peuvent assaillir les chers objets d'une affection légitime, et tromper bien des espérances et bien des confiances, et, si vous avez le cœur convenablement placé, vous ne pourrez manquer de frémir. Il faudra faire revivre les anciens tarifs pour les accidents causés par autrui, et dont on trouve un document de 1406 (Échiquier de Rouen) :

Pour un coup de poing....		12 deniers.
— un coup de poing avec pierre.........	5 sous.	
— cracher au visage....	5	
— tirer le nez, sans sang.	5	
— et s'il vient du sang...	15	
— prendre la gorge d'une main............	10	
— prendre la gorge de deux mains..........	15	
Frapper d'un coup de balai..	10	
— d'épée...	18	
Plaie au-dessous des dents..	36	
— au-dessus des dents...	72	
Dents rompues,—chaque dent du fond	7	1 denier.
Pour les dents de devant, il y a peine corporelle.		

C'étaient là les peines dont la loi frappait les auteurs des accidents arrivés à des citoyens. La compagnie de l'*Étoile du bon secours*, devenant responsable vis-à-vis de ses assurés, devra les indemniser.

Il y aura cependant assez peu à prendre dans ces tarifs, d'abord parce que beaucoup d'accidents de voyages et de loisirs ont été inventés depuis cette époque ;

Parce que, ensuite, le tarif est beaucoup trop bas.

Un sou d'alors vaut passablement d'argent aujourd'hui, tant par la valeur des monnaies que par l'élévation du prix des denrées.

Laissez-vous donc casser une dent pour sept sous, quand le veau coûte trente sous la livre ! Laissez-vous donc cracher au visage pour cinq sous, — et je parle de ceux même qui le méritent le mieux, — M. ***, et ***, et ***, etc., — au prix où est le beurre !

Il a été créé déjà une pareille société à Londres, lors de l'Exposition universelle anglaise. Un ami que j'ai dans cette ville a bien voulu m'adresser un exemplaire de quelques réclamations auxquelles la Société anglaise s'est empressée de faire droit. Nul doute que la nôtre se montre d'une loyauté égale dans ses transactions définitives. Voici la copie textuelle des pièces originales qui m'ont été confiées et que je dois renvoyer à Londres, 31, Oxford-Street, aussitôt qu'elles seront restées déposées, huit jours après l'impression du présent chapitre, chez un notaire qui sera ultérieurement désigné, pour convaincre les incrédules, s'il s'en trouvait par hasard.

PREMIÈRE PIÈCE

A monsieur le gérant de la Société d'assurances contre les accidents de voyage et de loisirs, à Londres.

« Monsieur,

» Conformément aux statuts de votre Société, à laquelle j'ai fait assurer mon fils pour deux mois, lors de son départ pour l'exhibition universelle de Londres, je vous envoie le compte exact des accidents de voyage et de loisirs qu'il a eu à subir. Pour plus de clarté, j'ai divisé et classé les accidents.

ACCIDENTS DE VOYAGE

Alfred a perdu son mouchoir à Calais. Ce mouchoir avait coûté 3 francs. . . . . 3 fr.

Il a dû, à Douvres, faire raccommoder son pantalon, fort compromis par le mauvais état des coussins de la voiture. . . . . 2 fr. 50 c.

Une personne du sexe, — on a quelquefois honte d'appartenir au même sexe, — lui a si obstinément marché sur les pieds pendant le trajet en voiture, que ses bas, qu'il avait mis le matin même, ont dû être changés le soir, au lieu de ne l'être que le surlendemain. La moitié du prix de blanchissage doit donc être portée à l'article *accidents de voyage* . . . . 10 c.

Cette personne s'est fait régaler de gâteaux et de trois verres de vin d'Alicante à un buffet du chemin de fer . . . . 3 fr. 25 c.

Elle s'est fait conduire en fiacre à l'arrivée, par Alfred, chez son prétendu père, à une telle distance, que le cocher a exigé deux courses au lieu d'une ; — la seconde, aux termes de l'assurance, reste à votre charge. . . . . 1 fr. 50 c.

ACCIDENTS DE LOISIRS

Alfred a rencontré au théâtre un monsieur très-bien mis qui lui a dit le nom de toutes les actrices et qui lui a proposé de le conduire chez mademoiselle ***, danseuse célèbre du Château-Rouge ; puis il a invité Alfred à inviter cette demoiselle à souper, se réservant de faire la carte pour qu'Alfred ne fît pas de folies. — Le souper commandé, il est allé chercher mademoiselle *** ; il est revenu sans elle au bout d'un quart d'heure et a dit à Alfred : « Mademoiselle *** ne peut pas venir ce soir; mais c'est elle qui vous invite pour demain à souper chez elle. Comme je ne pouvais vous laisser le souper sur les bras, je vous ai amené deux de mes amis, M. le vicomte d'Agurapocoptoïdès et M. le baron d'Apokerdaïdès, deux seigneurs grecs de mes amis, qui ont bien voulu partager notre souper et boire avec nous à la santé de la belle qui vous accorde pour demain une faveur sans égale.

Le dîner, dont il est juste de déduire 2 francs qu'aurait coûté le dîner d'Alfred sans l'accident de la rencontre de ces coquins . . . . 141 fr.

Déduire 2 francs. . . . . 139 fr.

Sa montre, la chaîne et les cachets qu'ils lui ont gagnés à l'écarté après le souper, avec 72 francs d'argent. . . . . 372 fr.

Deux coups de poing et une dent cassée, lorsqu'il les eut appelés voleurs. Mémoire.

Habit déchiré dans cette rixe. . . . . . . 120 fr.

C'est donc, monsieur, une somme de 641 fr. 35 c. que vous avez à faire parvenir à une famille désolée.

Votre servante, Pélagie M.....

DEUXIÈME PIÈCE

A monsieur le Gérant de la Société d'assurance contre les accidents de voyage et de loisirs, à Londres.

Monsieur,

Lorsque j'assurai à votre administration ma femme qui partait avec une de ses cousines pour l'exposition universelle de Londres, il me fut remis, contre la somme de 1 fr. 50 c., une promesse d'assurance contre tous les accidents de voyage ou de loisirs qui pourraient lui survenir. Je vous envoie copie de ma police d'assurance et vous fais part de l'accident qui est arrivé, vous laissant libre de le classer dans les accidents de voyage ou dans les accidents de loisir.

Ma femme, qui est partie en bon état de santé et de fidélité, n'est pas arrivée à Londres. Elle a perdu sa cousine au chemin de fer et l'a remplacée par un grand monsieur à moustaches blondes et à cheveux séparés en bandeaux sur le devant de la tête. Au lieu de prendre le chemin de fer qui mène à Calais, elle a pris, en compagnie du monsieur aux bandeaux, le chemin de fer de Lyon, d'où elle est allée en Suisse. — Il y a de cela trois mois, monsieur ; je n'ai reçu d'autre nouvelle d'elle qu'une lettre dans laquelle elle me dit que M. Isidore, — probablement l'homme aux bandeaux, — lui a fait comprendre que je ne l'ai jamais comprise et lui a expliqué que je mange sa dot, laquelle elle m'engage à lui envoyer à Lausanne, où, en compagnie d'un cœur qui la comprend, celui-là, elle a trouvé un chalet — (c'est la chaumière à son dernier degré de perfection), — où elle compte finir ses jours.

Je doute fort, monsieur, qu'il puisse arriver un plus grand accident à un mari épris de sa femme comme je l'étais, et comme je ne l'ai pas caché à l'employé qui m'a délivré la police d'assurance.

Que vous placiez ce genre d'accident dans la classe des accidents de voyage ou des accidents de loisirs, je désire que vous me fassiez savoir quelle est l'indemnité que vous m'offrez. Ma femme a vingt-deux ans, et c'est son premier accident.

Agréez, monsieur, etc.,

Joseph D***.

TROISIÈME PIÈCE

A monsieur le Directeur de la Société d'assurance contre les accidents de voyage et de loisirs pendant l'exposition universelle de Londres.

Monsieur,

Si j'ai bien compris l'esprit de vos statuts, avec l'aide de M. Gustave, jeune avocat stagiaire des amis de mon mari, votre société a pour but, non pas de garantir, mais d'indemniser, soit vos assurés, soit leurs ayants droit, contre tout accident qui aurait pour cause ou les chances du voyage ou les loisirs du séjour ; vous n'avez pas fait de restrictions ni de réserves.

Je viens donc vous donner la liste des accidents qui sont survenus à mon mari et à moi pendant le voyage pour lequel nous nous sommes assurés, moyennant 6 francs; la durée de notre excursion étant présumée de deux mois.

Prenez, je vous prie, en considération, que je vous fais grâce d'une quantité de menus détails et de minimes réclamations. Je ne parle que des accidents importants.

Mon mari, préludant à l'intimité qui unit aujourd'hui les deux nations, est devenu en quelques jours anglomane furieux.

Quoiqu'il eût récemment renouvelé sa garde-robe, il s'est entièrement habillé à l'anglaise, et, à notre retour, par ses sarcasmes, il a obligé M. Gustave à en faire autant. Ce jeune homme est apppelé à un immense avenir et à une fortune qui, comme son talent, n'aura de bornes que son ambition. Mais il n'a pu donner encore qu'à moi des preuves du génie qui le mènera à la gloire. C'est donc moi qui, en cachette de mon mari, ai dû lui fournir les moyens de satisfaire le caprice de cet ami utile qui, avoué de première instance, lui donnera les premières occasions d'éblouir son époque et de prendre son rang dans la société.

L'équipement de mon mari a coûté 250 francs; celui de M. Gustave, plus jeune, plus élégant, obligé à suivre les modes de plus près, 325 francs.

Mon mari avait l'habitude, après son dîner, de faire la sieste une demi-heure, puis de descendre au café lire les journaux du soir. M. Gustave, qui est notre pensionnaire, avait l'obligeance de me tenir compagnie.

Eh bien! mon mari a institué l'usage anglais de rester à table, avec M. Gustave, une heure après le dîner; il faut que j'aille seule préparer le thé dans mon salon, pendant qu'ils boivent de l'ale, du vin de Porto et des liqueurs. Après quoi ils viennent prendre une tasse de thé, debout, et M. Gustave s'en va.

Dernièrement, soit qu'il fût un peu étourdi par les libations auxquelles il se mêle par pure obligeance, soit qu'il eût été privé longtemps des bons conseils que je lui donnais pendant la sieste, et l'absence du patron, il s'est laissé entraîner au point d'embrasser ma cuisinière qui l'éclairait du haut de l'escalier. Quel malheur ce serait, monsieur, si ce jeune homme allait mal tourner?

Mon mari, grand approbateur des mœurs anglaises, m'a déclaré que j'avais eu assez de liberté étant fille, et qu'il convenait à une femme mariée de ne plus s'occuper que de son ménage, de son mari et de ses enfants. C'est une sottise si nouvelle qu'on n'y est pas préparé et qu'on n'a pas de réponse immédiate à faire. Il a donc supprimé pour moi le bal, le théâtre, le concert, etc., précisément au moment où il m'enlève la société de M. Gustave, dont la soumission aux bons conseils que je lui donnais m'avait fait de cette société une distraction plus nécessaire.

Comme je ne vais plus dans le monde, où M. Gustave avait l'extrême obligeance de me conduire quand mon mari était empêché par ses affaires, il m'a refusé ces jours passés trois robes neuves que je voulais acheter pour la saison, et un bracelet que je mourais d'envie de posséder.

Certes, monsieur, vous n'hésiterez pas à m'indemniser des 575 fr. qu'a coûtés le premier accès d'anglomanie de mon mari, et dont je vous ai donné le compte ci-dessus.

Vous n'aurez pas non plus d'objection à entrer en arrangement pour une autre suite du même accident, l'habitude prise par mon mari de boire après dîner et de faire boire à M. Gustave de l'ale, du vin de

Porto et des liqueurs, ce qui fait chaque jour une dépense de :

Ale	1 fr. 25 c.	
Porto	3 »	
Liqueurs . . .	»	75
Total. . .	100	»

Ce serait le revenu de deux mille francs ; mais comme il s'agit d'un vice qui s'éteindra avec mon mari, comme c'est évidemment un capital placé en viager, et comme mon mari a cinquante-huit ans et a toujours été d'une santé médiocre que ce régime n'améliore pas, vous me donnerez seulement mille francs, que vous aurez ainsi placés à 10 p. 100, selon le calcul de M. Gustave.

Tout cela n'est que bagatelle, et il suffit que je vous affirme l'accident et ses conséquences pour que vous vous fassiez un devoir d'en indemniser pécuniairement la victime.

Mais comment m'indemniserez-vous des conséquences autrement graves que je vous ai signalées en même temps : mon exil du monde, le refus de toilettes et de bracelets, la privation de la société d'un jeune homme dont la bonne conduite m'intéressait, et, bien plus encore, la perte peut-être de l'avenir de ce jeune homme, qui commence à embrasser les cuisinières sur les paliers ?

En présence, monsieur, de celles de ces conséquences pour lesquelles il n'y a pas d'indemnité possible, je sais ce que vous ferez : en galant homme, vous gémirez de votre impuissance, et vous vous hâterez au moins de nous faire parvenir le montant des réparations appréciables en argent.

Agréez, monsieur, etc.

Il faut croire que ces exigences n'ont pas eu beaucoup d'imitateurs, et que l'affaire de l'assurance anglaise a été suffisamment bonne, puisque les fondateurs de la Société française, qui n'ont pas pu ignorer ce précédent, n'ont pas hésité à publier leurs annonces.

XVII

LA SUNAMITE ET LES CACHETS DE PRÉSENCE

Il a failli se produire au grand jour de la publicité un singulier procès; mais la chose s'étant arrangée, elle ne sera connue que des lecteurs du *Siècle*.

M. A... est un homme qui a passé toute sa jeunesse à attendre deux successions: la première était celle d'un oncle qui aimait le plaisir, qui était généreux, et qui a duré un peu plus longtemps que sa fortune; la seconde était celle d'une vieille cousine avare, qui, après de longues hésitations, s'est enfin décidée à la lui laisser.

Après les premiers instants consacrés à une douleur et à des regrets que je vous laisse à imaginer, M. A... a dû songer à ses affaires. Quelques créanciers qui avaient partagé sa confiance dans l'avenir sont venus avec des notes et des mémoires, mais il s'est présenté une créance d'une nature excentrique.

Longtemps auparavant, douze ou quinze ans peut-être, M. A... avait eu une violente fantaisie d'être admis au nombre des privilégiés qui causaient le soir avec une célèbre Sunamite. — Un obstacle s'opposait à la réalisation de ce désir, — c'est que la Sunamite recevait volontiers quelques présents de la part de ceux qu'elle admettait à sa conversation. M. A... lui expliqua fort éloquemment qu'il trouvait l'or et les pierreries à peine dignes de lui être offerts, mais que cependant ce n'était pas la seule cause qui l'empêchait d'en déposer à ses pieds. Il lui démontra les espérances qu'il fondait sur la mort prochaine d'un oncle chéri. Cependant, dit-il, il serait imprudent d'attendre ; votre beauté est à un tel point de perfection, qu'on ne peut pas espérer que le temps lui fasse gagner quelque chose ; et moi, je suis si amoureux de vous, qu'il n'est pas possible que je le devienne davantage. Je sais que votre désintéressement me répondra : Qu'importe ? mais moi je ne prétends pas me priver du plaisir de vous combler de présents que je serais si heureux de vous voir accepter. Voici le plan que j'ai à vous proposer. Quoique tout l'or enfoui dans la terre et toutes les perles qui attendent qu'on les pêche au fond de la mer, ne puissent payer dignement un de vos regards, moins encore un sourire, ayez l'indulgence de fixer à chacune de vos paroles, à chacun de nos entretiens, un prix basé, non sur leur valeur, qui est, je le répète, inappréciable, mais sur la fortune que j'attends. Chaque fois que je vous ferai une visite, je vous donnerai un cachet en sortant, comme on fait aux professeurs de langue, de musique, de dessin, etc. Aussitôt que j'aurai le malheur de perdre mon oncle, vous me présenterez les cachets.

En deux ans le nombre des cachets se trouva être assez élevé. — L'oncle mourut ; mais, nous l'avons dit, il avait ruiné son héritier par ses prodigalités. — La Sunamite présenta ses cachets, qui ne purent être acquittés ; elle refusa d'augmenter la créance, et M. A... porta son admiration ailleurs.

Il se passa une douzaine d'années, et un nouveau malheur vint fondre sur M. A... ; il perdit sa cousine, comme il avait perdu son oncle douze ans auparavant. Il se trouvait seul et sans famille à quarante-sept ans ; il se fit un devoir de suivre religieusement les volontés de cette chère parente qui l'avait institué son légataire universel : il toucha pieusement la succession.

C'est alors que la Sunamite fit représenter ses cachets. — M. A... s'étonna du nombre de conversations qu'il avait eues en deux ans ; il émit quelques doutes sur l'authenticité des cachets ; il prétendit qu'il était impossible qu'il eût jamais été aussi bavard. — Il répondit, d'ailleurs, que l'idée de ces cachets était une plaisanterie de sa jeunesse ; en un mot, il refusa de les payer.

La Sunamite lui envoya du papier timbré, sommation, assignation, etc.

Un procès curieux allait s'engager ; mais on fit comprendre aux deux adversaires, à l'un, que ce serait un grand scandale, et peut-être un obstacle dans la carrière qu'il a embrassée, non pas d'avoir aimé une Sunamite, non pas de refuser d'acquitter sa signature, mais de dévoiler qu'il a été pauvre ; à l'autre, que ce procès lui assignerait une date et un âge ; que l'exposé public de son désintéressement, à quatorze ans de là, pourrait inspirer des doutes sur les vingt-quatre ans qu'elle prétend avoir, « vienne la Saint-Martin. »

De sorte que l'affaire s'est terminée par une transaction.

FIN

TABLE DES MATIÈRES

Chapitres. Pages.

I. — Histoire du monde : passé, présent et avenir, en 140 lignes. — Le règne de Dieu. 1

II. — A propos de la guerre de Russie. — Un berger volant.— Le bonheur. — Le secret des hommes dévoilé aux femmes. — MM. les savants.— Sophistication des noms. 17

III. — En faveur de la paresse. 35

IV. — Les héritiers volés. — Contre le pistolet. — Histoire d'un vicomte et d'un canard. 45

V. — Les avocats engueuleurs. — Sur les pensums. . 65

VI. — De la critique. — Du style. — De la forme. — Les jeunes poëtes. — La guerre s'en va. 77

VII. — D'une paix qui a tué la guerre. — Un exemple de radotage. 91

VIII. — A vous, grêlés, couturés et faces d'écumoire. . . 105

IX. — De quelques choses inutilement demandées. — Les savants et les poissons. 131

TABLE.

Chapitres. Pages.

- X. — Encore les poissons — et accessoirement quelques canards. 163
- XI. — Mines nouvelles à exploiter. 183
- XII. — Les fashionables à bon marché. — Un procès à propos d'aunes, de jambes, de mètres et de saucisson. — Gravures *shocking*. — Projet de loi sur les jeux de mots. 191
- XIII. — De l'introduction de quelques mots nouveaux dans la langue française. — L'art de couver les œufs de poissons. — Un cordon bleu. 217
- XIV. — Édouard Ourliac. — Pétitions modèles. — La fausse concurrence. — Épiciers et boulangers. 243
- XV. — En quoi consiste pour chacun : avoir tort ou raison. 269
- XVI. — La vigne et les pommes de terre — Assurances contre les accidents de voyage et de loisirs. . 285
- XVII. — La Sunamite et les cachets de présence. . . . 313

FIN DE LA TABLE

Paris. — Imprimerie A. Wittersheim, 8, rue Montmorency.

www.ingramcontent.com/pod-product-compliance
Lightning Source LLC
Chambersburg PA
CBHW070529160426
43199CB00014B/2231